写真で辿る小樽

明治・大正・昭和

昭和33年夏、博覧会開催中の小樽、駅前通り
◆所蔵／小樽市総務部広報広聴課

写真で辿る小樽

明治・大正・昭和

【目次】

〈巻頭特集〉地図に見る小樽の街の変遷 004
明治初頭から昭和戦前までの地図に、街の急速な変容が見えてくる

【1】港町 繁栄は水辺から 014
街の繁栄の源は港にあった。北前船の時代から近年のフェリーに至るまで、人が、モノが集まったのはここだった。

【2】街と人々 ①明治時代 024
低い家並、鋪装のない道を行くのは和装の人々や馬車。百年前の日常とはどんなものだったのか、写真から想像は膨らむ。

【3】街と人々 ②大正〜昭和戦前 036
豪壮な西洋式建築の銀行街が出現。カフェやシネマが賑わい、街を自動車が走る。これぞ小樽全盛の時代。

【4】街と人々 ③昭和戦後 048
デパートの大食堂、始まったばかりの歩行者天国。〝斜陽〟といわれつつも、商店街に人波が途切れなかったあの頃……。

【5】鉄道 街は汽車とともに 062
明治初期に早くも開通し、港とともに街の発展を支えたのが鉄道。街並みを走る汽車は数々の魅力的な風景を作り出した。

【6】雪降る街 074
街を覆う雪は１００年前も今も同じ。時に疎ましく、時に楽しみ、人々はこうして冬を過ごしてきた。

【7】野外に遊ぶ 086
市街地の公園、奥沢水源地、そして今や伝説となったオタモイ遊園地……。祝津や蘭島は海水浴で賑わった。

【8】学校 あの学舎《まなびや》の記憶 098
誰にとっても学校は、家庭と並んで思い出の多い場所。遠足、木造校舎、石炭ストーブ、入学・卒業式などなつかしの場面いろいろ。

【9】小樽運河 112
建設前から議論を呼んだ〝政争の具〟。港湾荷役に真価を発揮した期間は短く、埋め立てをめぐって再び論争が……。

【10】まつりと行事 122
神社の例大祭、街をあげて盛り上げた夏のイベントの光景。小樽を舞台とする博覧会は大正・昭和に計5回も開かれた。

【11】冬に遊ぶ 134
坂の街はイコール、スキーの街。明治の黎明期より、小樽ではスキーが盛んに行われてきた。冬のイベントもいろいろあった……。

【12】昭和の終わりに 144
市街地での大規模な再開発、道路の拡幅。昭和の時代最後の十数年、小樽の街は大きな変化に見舞われ、その姿を変えていった。

〈解説〉明治・大正・昭和 小樽の街の歩みと年表 152

50音索引 158

あとがき 159

地図に見る小樽の街の変遷

明治時代を迎えて本格的な近代化が始まった小樽。起伏をならし、海を埋め立てて造った市街地に建物が、道路が、鉄道が姿を現していく。その変容の速さには驚くばかりだ。

明治元年［1868］

原初の地形の上に市街地の片鱗が

現在の小樽市街地が形成される端緒は江戸時代後期、入船川河口そば（現在の堺町交差点付近）に〈ヲタルナイ運上屋〉（交易の拠点）が設けられたことに求められる。この地図は明治維新という大きな時代の節目の後に作られたものではあるが、そこに示される地勢に江戸時代からの大きな変化は見られない。唯一、街並みといえるのは「ヲタルナイ」と記された入船川河口の周辺で、いくつかの道路や人家を示す記号が書き込まれている。それ以外では海沿いに人家が点在し、イロナイ、テミヤ、タカシマ、トイ、シクジシなどの地名が読めるのみだ。

海岸近くまで迫る山地から流れ下る川は、好き勝手に蛇行しながら海へと注ぐ。平地の乏しい地形の上に、北海道内屈指の隆盛を誇った街が築かれていくのは、このあとすぐだ。

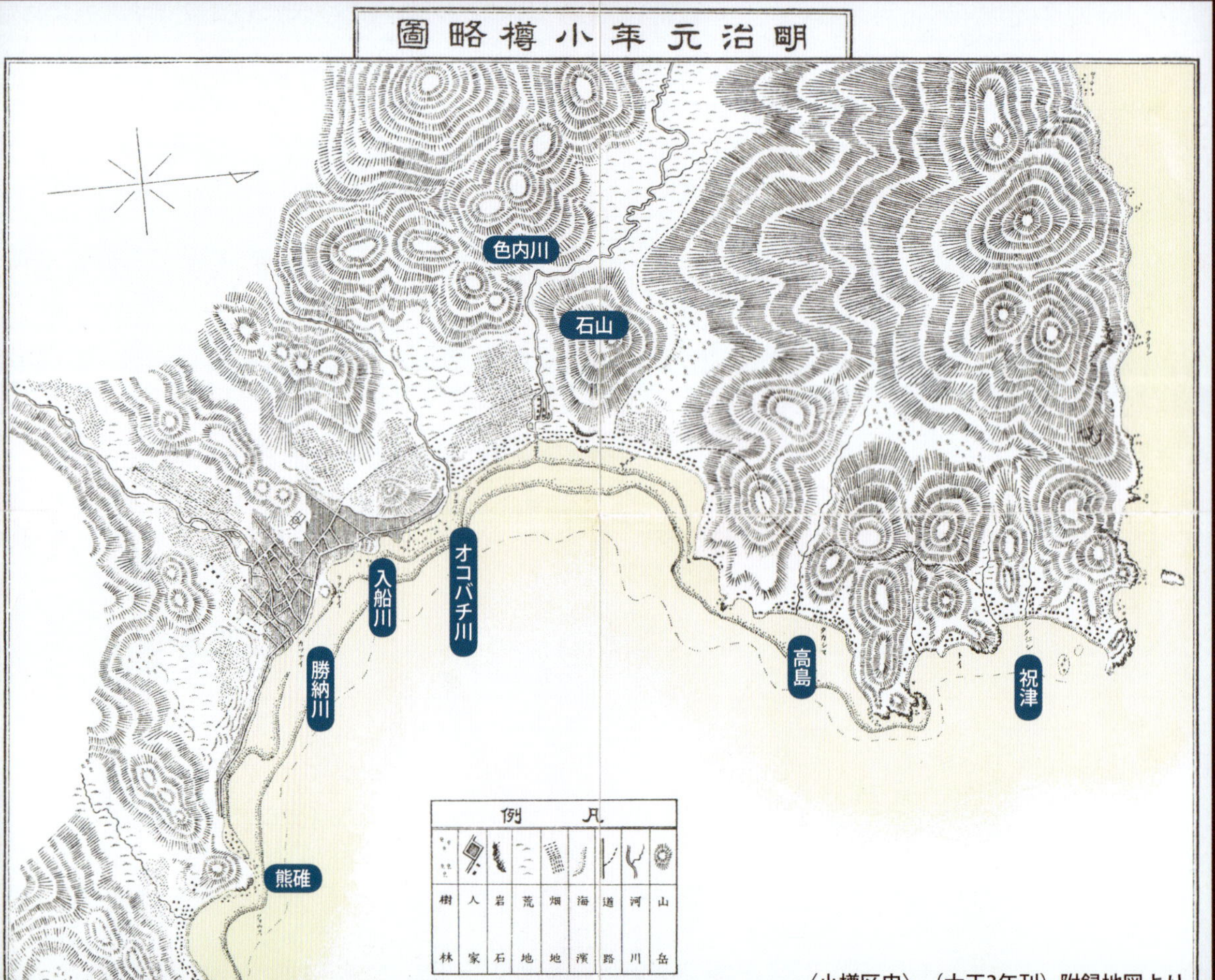

〈小樽区史〉（大正3年刊）附録地図より

明治24年 [1891]

鉄道が開通し、街並みが発展

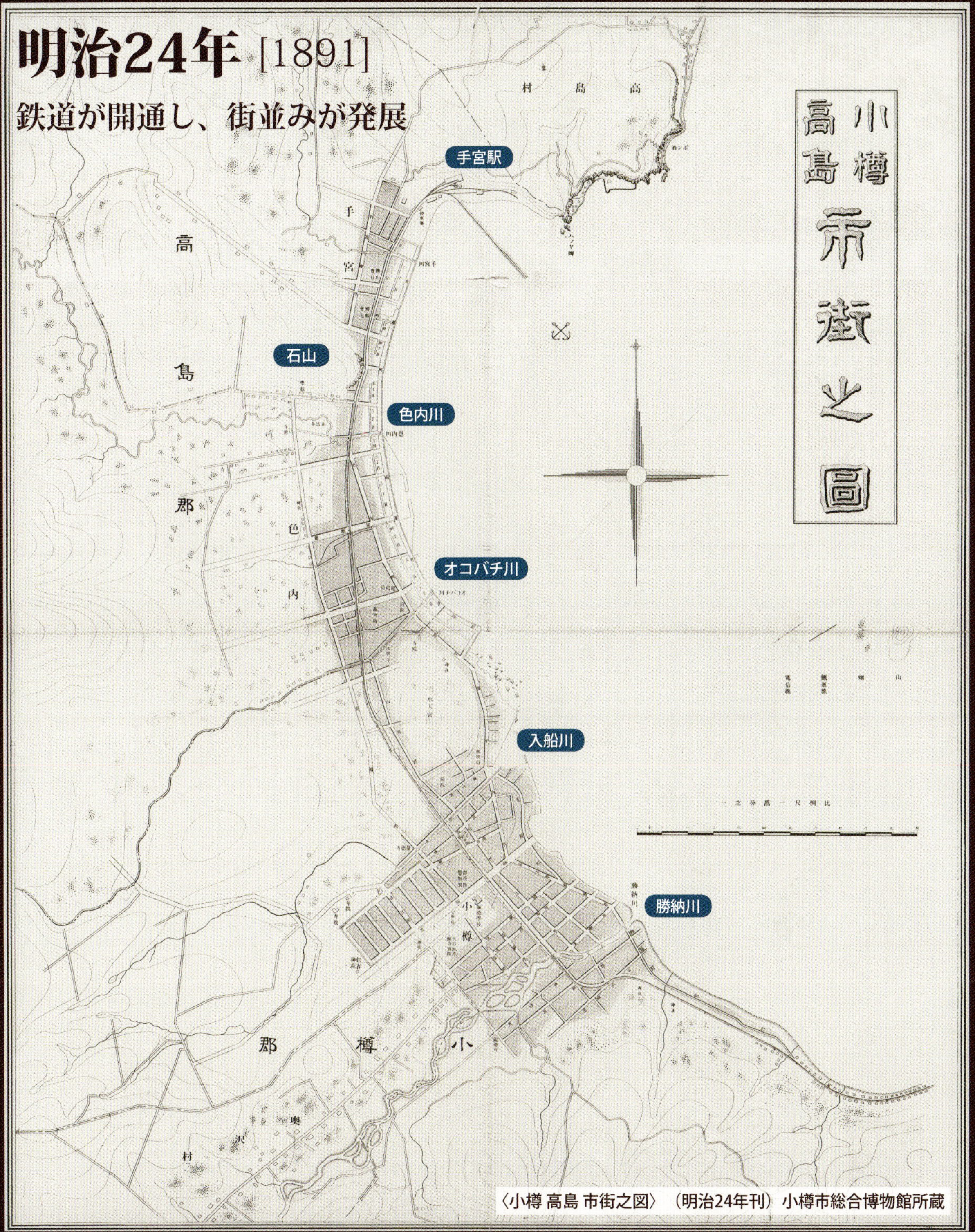

〈小樽 高島 市街之図〉（明治24年刊）小樽市総合博物館所蔵

明治13（1880）年、手宮を起点に鉄道が開通する。その目的はひとえに内陸で産出する石炭を港に運ぶことにあった。地図が示す街並みは鉄道線路周辺の海側に広がるのみで、山の手側はほとんど手つかずの山野だ。この閑散とした街並みを見れば、当時の小樽の街そのものには鉄道を必要とするほどの営みなどなかったことは明らかだ。小樽は単に列車から船へ、石炭を受け渡す中継地に過ぎなかった。しかし鉄道と港という強力な組み合わせを得たことで、街は石炭だけでなくさまざまな物資や人が行き交う拠点となり、このあとめざましい発展を遂げることとなる。

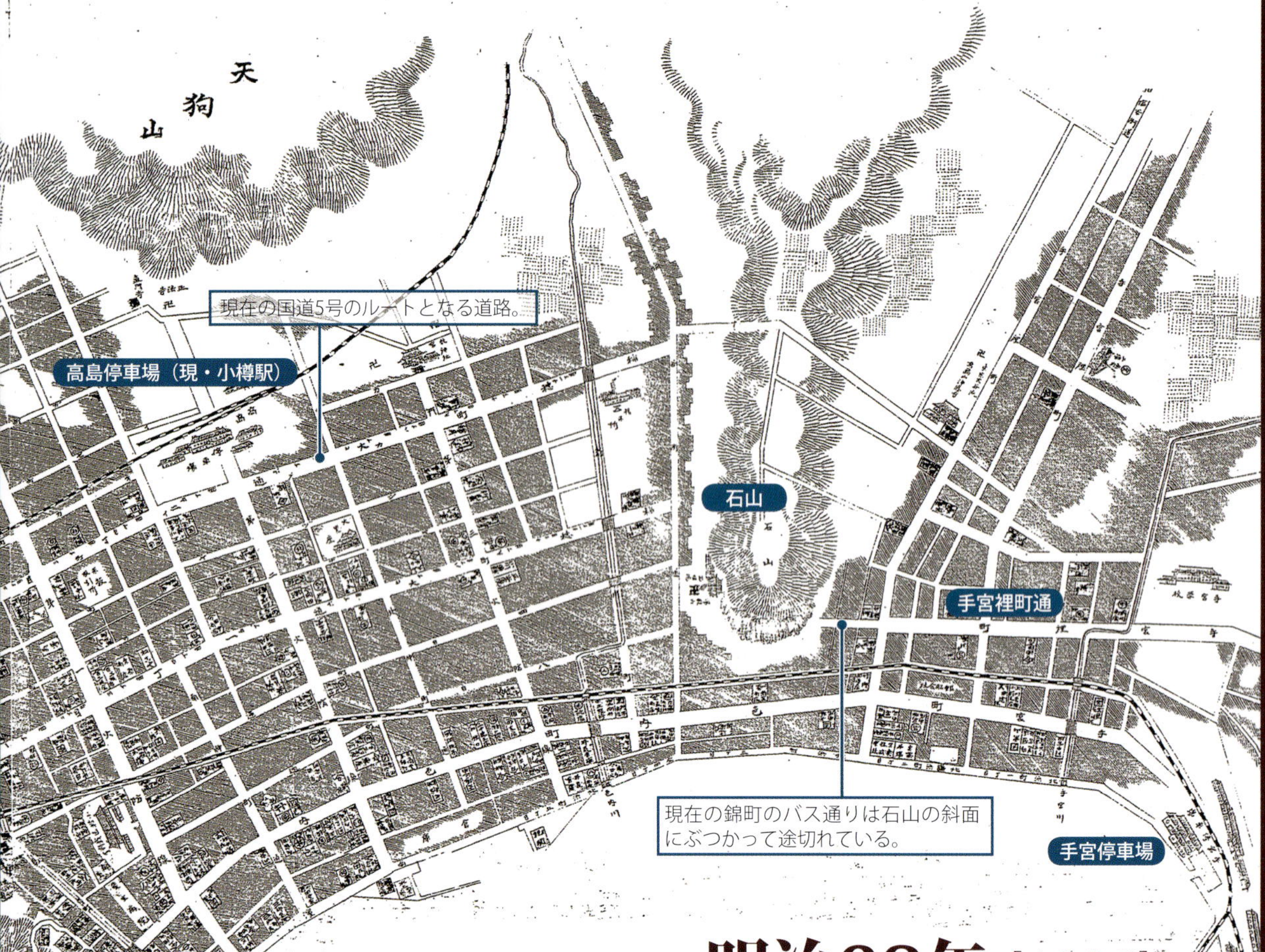

明治38年 [1905]

稲穂町に新駅（現・小樽駅）誕生。市街地は山の手方面へと拡がっていく。

明治20年代からここまで、10数年間における街の進化はめざましい。海側から形成されてきた市街地は、徐々に山の手方面へと拡がってきた。市街中心部の道路はおおむね現在に近いものができ、国道5号の原形となるルートもすでに姿を現している。少しずつではあるが海岸の埋め立ても行われ、水際に平地ができてきた。

図上右上、函館方面から市街に入る新たな鉄道の路線が部分開通したのは明治36（1903）年6月。このときに現在の小樽駅の位置に初めて停車場が開業した。図で〈高島停車場〉と記されているのがそれだ。この駅は開業当初〈小樽中央〉から〈高島〉、〈中央小樽〉とほぼ1年ごとに改称を繰り返している。そして38年8月には、手宮から札幌方面に向かう既存の鉄道との接続が完成する。これにより函館～札幌の直通運転が可能となった。

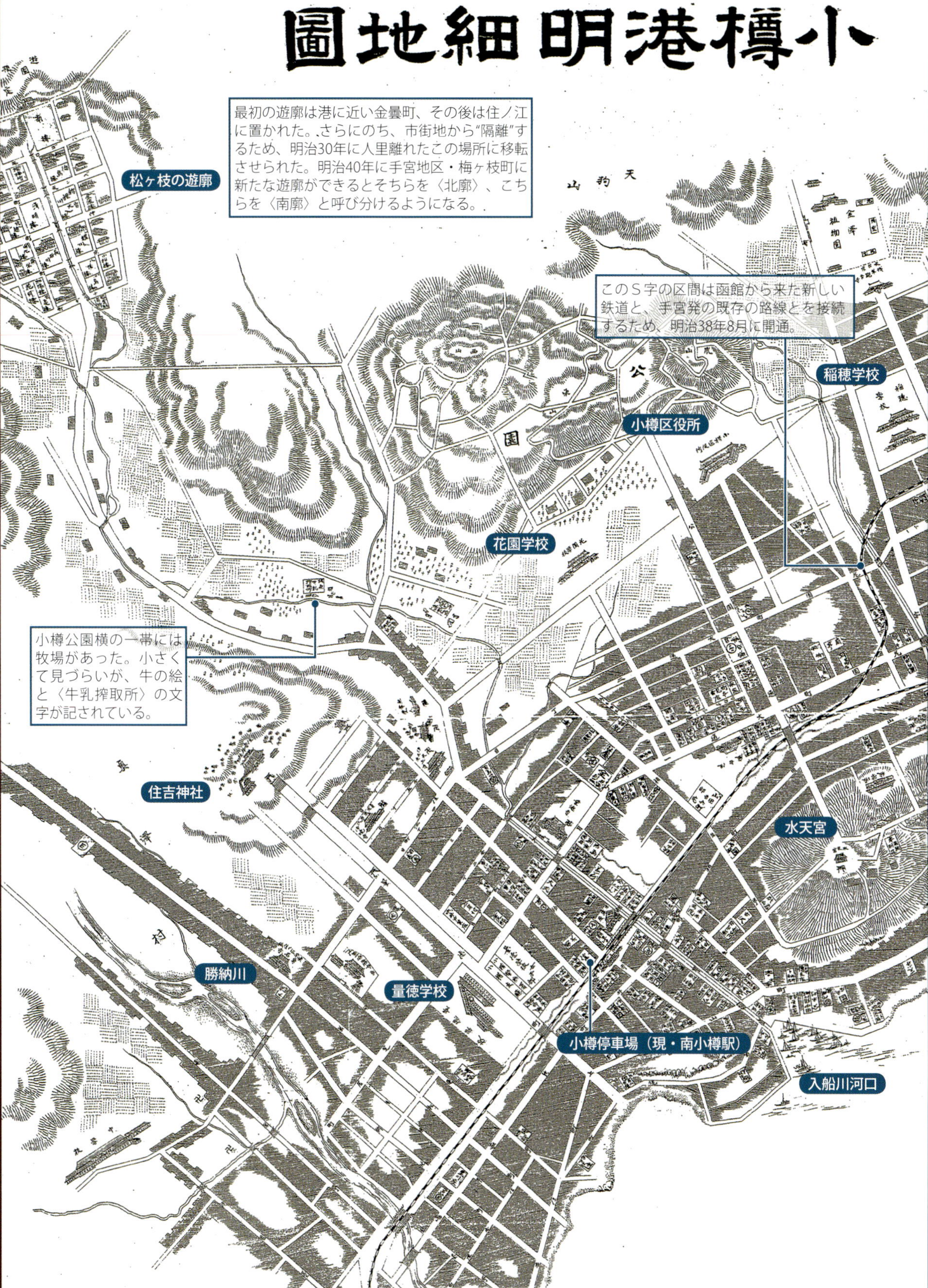

〈小樽港明細地図〉（明治38年刊・部分）小樽市総合博物館所蔵

〈大日本職業明細図之内 小樽市〉（大正14年刊）小樽市総合博物館所蔵

め立てる際に一部を水路として残すことで生まれた珍しい“運河”だ。工事の主目的はあくまでも埋め立て地を造ることにあり、もとの地図には「小樽運河」の文字がどこにも記されていない。

図の左下、勝納川《かつないがわ》の河口付近には鉄道省の埋め立て地がすでに完成している。それまでの手宮の鉄道基地および石炭積み出し設備が手狭となったことから、昭和初頭にかけてこの築港地区に新たな機関区のほか最新鋭の石炭ローダー（→P19）などが造られていくこととなる。

大正14年 [1925]

市街地が拡がり、商業も盛んに

第一次世界大戦の特需景気に沸いた大正時代の末期。この地図では港の大規模な埋め立て事業が進んだ結果、小樽運河（→P112）が姿を現していることが注目される。水運や灌漑《かんがい》を目的として水路を切り拓く一般的な運河とは異なり、海面を埋

昭和12年 [1937]

戦前の絶頂をきわめた頃の街並み

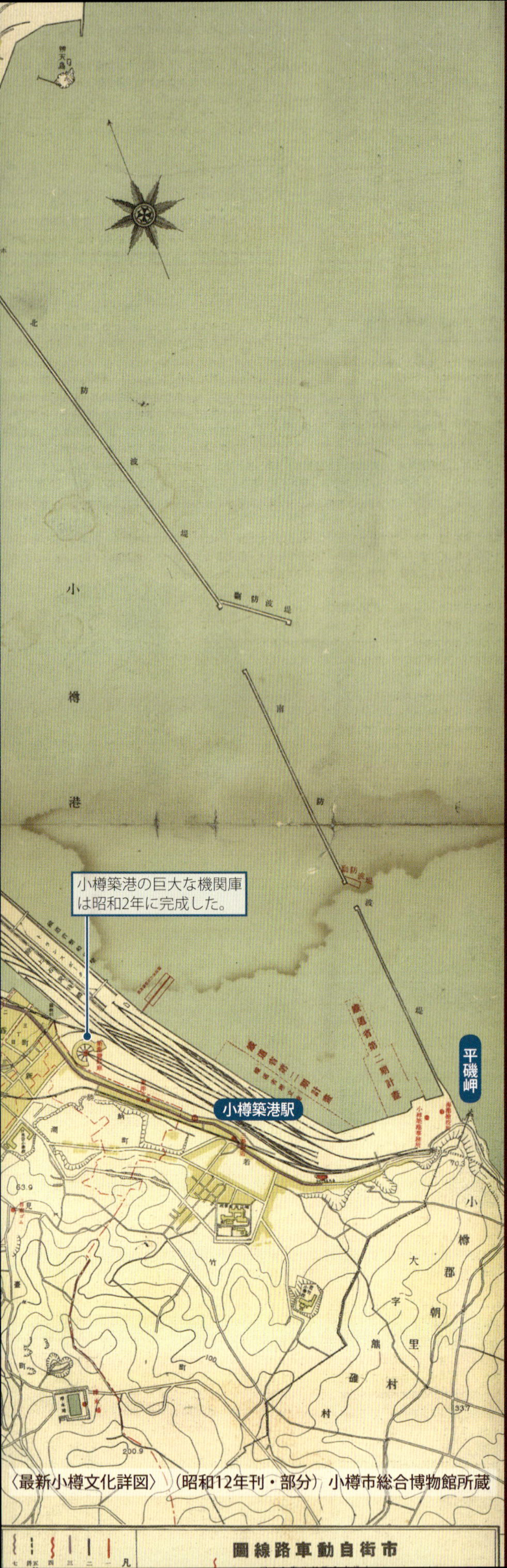

〈最新小樽文化詳図〉（昭和12年刊・部分）小樽市総合博物館所蔵

昭和初期のこの時点で、市街中心部の街並みはほぼできあがっており、現在の小樽市街地をはしる道路のほとんどは、この地図に描かれている。

昭和に入って目立ったインフラ整備が進むのは港だ。図上に予定も含めて3つの埠頭が描かれているとおり、船舶を直接横付けできる埠頭の建設が急ピッチで進む様子が読み取れる。

小樽での大規模な港湾工事といえば前ページの地図に見られるように、小樽運河（→P112）を生んだ一大事業が大正年間に行われている。その前提となったのは船を沖に停泊させ、陸とのあいだを艀《はしけ》が往復する荷役方式だった。しかしその方式は着工前の段階ですでに時代遅れとする意見が強く、激しい議論を巻き起こす。結果的に運河方式が採用されはしたものの、その完成直後から早くも埠頭建設を求める声は根強かった。昭和に入って相次ぐ埠頭建設は、運河という回り道での遅れを挽回すると言わんばかりの勢いだ。

地図の市街中心部には赤い文字で多数の企業名が記されている。とりわけ色内地区には大手の銀行、総合商社、海運会社などの名がびっしりと並び、これぞまさに全盛の小樽という勢いを感じさせる。

この昭和12年、小樽での大きなできごとといえば〈開道七十年北海道大博覧会〉（→P132）が挙げられる。それまで小樽を会場とした博覧会は大正6年、昭和6年の2度行われているが、どちらも札幌との共催であり、小樽の単独開催はこのときが初めてだ。小樽経済が絶頂を迎えた時期、満を持しての一大イベント開催であった。

しかし時代は確実に戦争への歩みを強めている。この博覧会が開会する昭和12年7月7日、まさにその日に盧溝橋《ろこうきょう》事件が起こるのは因縁めく。この事件を引き金として日中戦争、さらにその後の第二次世界大戦へと、日本は戦争の時代へと進んでいった。

長橋地区では色内川の流れを挟む形で道路（国道）が通っていた。一帯には川の水を使う「養鯉場」（コイの養殖場）がいくつかあった。
手宮公園
第一号埠頭は昭和10年着工、15年竣工。第二号・三号も続いて着工されるが戦争で工事が中断し、完成は戦後。
小樽駅
高等商業学校
午砲場
時報として空砲を打った場所。明治4年に午砲が制度化され、全国主要都市にこうした施設が設けられた。使用されたのは昭和初期までとみられる。この高台は市民から「ドン山」と呼ばれていた。
南小樽駅
勝納川

〈北海道大博覧会案内図〉（昭和12年刊）小樽市総合博物館所蔵

吉田初三郎が描く鳥瞰図の世界

昭和初期の小樽観光地図

吉田初三郎（明治17／1884〜昭和30／1955）は大正から昭和前半にかけて活躍した画家。大正時代初期に鳥瞰図の制作を手掛けたところ、これが当時始まったばかりの観光ブームに乗り、全国各地から観光案内用の鳥瞰図制作を依頼される売れっ子となった。

鳥瞰図そのものは江戸時代の浮世絵などにも見られるが、初三郎はその土地にある名所旧跡、建物などを細かく描写し、観光案内図としての実用性を高めることに注力した（彼は作画にあたり綿密な現地取材を行ったのだという）。その一方で図面全体の構成や地形の表現には、大胆なデフォルメを加えた上に鮮やかな彩色を施し、壮大かつエキゾティックな景観を描き出すのが初三郎ならではのスタイルだ。

上の図は昭和12（1939）年に小樽で開かれた〈開道七十年北海道大博覧会〉の案内図として描かれたもの。市街地背後の山々は実際よりはるかに高く険しく描かれ、遠景では右端に函館、左には阿寒や大雪山の山並み、さらに樺太までもが記されるあたりに初三郎の遊び心が込められているようだ。しかし市街地をよく見れば博覧会の主会場となった小樽公園はもとより、学校や官公署、公共施設の名称など、書き込まれる内容は実に細かい。手宮高架桟橋、築港地区の石炭積み出しトランスポーター、オタモイ龍宮閣など、形状まで正確に描かれていることにも驚かされる。細部を見ていくと飽きることがない。

◀昭和初期の小樽鳥瞰図【部分】

上の鳥瞰図より少し前に描かれた作品の小樽駅周辺をクローズアップする。全体の構図は概ね同じだが色調が異なり、市街地背後の山々が、上の図よりも丸みを帯びた姿で描かれている。色内地区に並ぶ銀行・企業、山の手地区では〈高等商業学校〉（今の小樽商科大学）はじめとする学校の名称など、細かく書き込まれている

グランド
午砲台
小樽
色内
手宮
水天宮
小樽港

【1】

港町

繁栄は水辺から

小樽の発展は何といっても、港によるところが大きい。古くは江戸時代から日本海をめぐった北前船が錨を降ろし、明治以降、小樽からの航路は樺太や、はるかヨーロッパにまで拡がっていく。港を埋める船の多さは、まさに小樽の勢いそのものだった。

●北前船の時代

北前船とは関西から瀬戸内海、日本海を経由して北海道までを航行する交易船のことを指す。単に荷を運ぶのではなく、船主自身が寄港地で荷を買い付け、それを目的地で売り捌いて利益を上げる〝商社機能〟をもつ船といえた（ちなみに北前船とは船そのものに対する呼び名ではなく、北海道へ交易に赴く船の総称。そこで使われる一枚帆の和船そのものはベザイ船と呼ばれた）。その起こりは江戸時代の中頃にまでさかのぼる。

本州から北海道に向けて運ばれたのは米をはじめ醤油、酒などの食料品や、あらゆる生活雑貨など。対して北海道からは鮭、昆布などの魚介加工品、鰊を原料とする締め粕（農業用肥料）、身欠き鰊、数の子などが出荷され、おもに関西地方での高い需要を支えた。

北海道において北前船の寄港地となった港は数多いが、小樽には明治以降も多数の船が立ち寄り、街に賑わいをもたらした。船主たちが建てた石造り倉庫のいくつかは現在もなお健在だ。

こうして小樽の街の繁栄を支えた北前船だが、明治も後半になるとその勢いに翳《かげ》りが見え始める。汽船との競合や、鉄道網の発達がその理由だった。百数十年にわたって日本海を駆けた北前船は、明治の末までにほぼすべてが姿を消すこととなる。

水天宮の丘から

◆明治30年代
◆写真提供／小樽市総合博物館

水天宮の丘から見る小樽港内。伝統的な一枚帆の北前船、西洋式の艤装を採り入れた和洋折衷の帆船、そして大型の汽船、と多様な船が混在する様子が、明治後期という時代を映している。

▼小樽港、立岩

◆明治30年代
◆所蔵／小樽市総合博物館（奥山コレクション）

小樽港の水際、現在の堺町通りの海側にはかつて〈立岩〉と呼ばれた大岩があった（→P6地図）。左の写真に見られるのがそれで、港に入る船からは格好の目印となっていたという。しかし大正時代に入ると港の海面を埋め立てる工事が本格的に始まる。埋め立てが進行した大正8(1919)年には立岩も破壊され、姿を消すこととなる。

左と上、2点の写真はともに明治30年代を中心に活躍した小樽のアマチュア写真家・奥山富作の撮影による。市内で雑貨・文具商を営み、のちには区議会議員にもなった人物だ。街並みや風景など多彩な写真を残し、それらは小樽市総合博物館に寄贈されて貴重な歴史資料となっている。

“運河以前”の小樽港

◆明治42～43年　◆所蔵／市立小樽図書館

小樽運河（→P112）が築造される以前に撮られた小樽港の様子。積み上げられたさまざまな貨物、沖側の簡易的な桟橋にびっしりと横付けされた艀や小舟が、港の活況を物語る。

市街地に平地の乏しい小樽では、港周辺の埋め立てが古くから必要とされてきた。写真に見られる岸壁は明治20年代からの工事によってできた土地だが、大正時代に入るとさらに大がかりな埋め立てが行われ、それによって小樽運河ができあがるわけだ。

写真に見られる倉庫群のうち、いくつかは現存する。画面右側、屋根にシャチホコを掲げた同型の２棟──中間にレンガ造りの建物を挟む──は手前側が〈小樽市総合博物館運河館〉、奥が〈運河プラザ〉となっている。水辺の道路はその後の運河一部埋め立てを経て6車線に拡幅され、大きく姿を変えた。

写真は明治44（1911）年発行〈東宮行啓記念写真帖〉──この年、小樽を訪れた皇太子時代の大正天皇に献上された──のために撮られたもので、撮影者は竹村伊蔵。大判に焼き付けられた画像はきわめて鮮明で、作品として美しいばかりでなく、明治末期の街の姿を示す史料としても貴重だ。

【左ページ】❶上の写真と同じく竹村伊蔵の作品で、撮影場所も近い。画面左端に見える建物──上の写真の中ほどにも写っている──の看板には「ビーヤホール　船客待合所」の文字が読める。画面奥に向かって延びる通りは中央通り（駅前通り）で、突き当たりには小樽駅（撮影当時の駅名は〈中央小樽〉）がある。さらにその背後の高台は富岡の住宅地で、この頃から宅地開発が進んで屋敷町ができあがっていくところだ。❷港の水辺にたたずむ一行は、これから船で旅立つ人々なのだろう。大きな荷物を橇《そり》で運ばせ、沖に停泊した船とのあいだを結ぶ伝馬船を待っているようだ。明治30年代、北海道外はもちろん、道内各地へもまだ船旅が普通のことだった。

❶明治42〜43年　◆所蔵／市立小樽図書館

❷明治30年代　◆所蔵／小樽市総合博物館

❸小樽市街西部に位置する忍路《おしょろ》は、江戸時代から鰊の好漁場として栄えた港だ。周囲を岩山に囲まれ、湾口の狭い地形は風波を避けるのに適し、文字どおり天然の良港だった。かすかにさざ波が立つだけの水面に北前船が影を映す光景は、絵画のように美しい。しかし明治も後期に入り、こうした和船が日本海を駆けた時代にも、終焉の時がいよいよ近い。

❸明治後期　◆所蔵／村住家

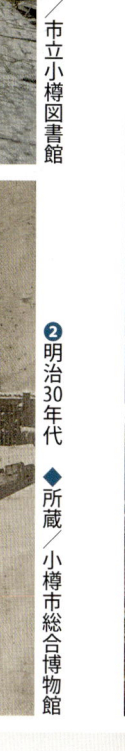

手宮高架桟橋と旅客駅▲▶

◆大正〜昭和初期　◆所蔵／小樽市総合博物館

手宮の海上に巨大な高架桟橋が完成したのは明治44（1911）年10月。海上部分の長さが289m、海面からの高さは19mという大型建造物だ。桟橋上に石炭を積んだ貨車が上がり、漏斗型の装置を介して石炭を船に直接流し込む仕組みで、荷役の効率を大幅に向上させた。

【写真上】 遠景の海上に延びているのが高架桟橋で、画面右下には旅客専用の手宮駅が写っている。無関係と思われる両施設のあいだには意外な繋がりがある。高架桟橋の完成によって石炭の積み出し量が急増した手宮では駅構内が手狭となったことから貨物扱いに特化し、それに伴って大正元（1912）年に場所を移して開業したのがこの旅客駅というわけだ。しかしその後の昭和18（1943）年、戦局の緊迫するなかで手宮線は複線だった線路の片側を供出。それを機に旅客輸送は休止となって旅客駅も廃止された。

【写真右】 手宮公園の高台から俯瞰した高架桟橋。両脇に貨物船が横付けされた状態を写している。桟橋は二層構造で、石炭を投下したあとの貨車は下り勾配を自走して駅構内に戻る仕組みだった。

晩年の手宮高架桟橋

◆昭和30年前後
◆所蔵／小樽市総合博物館

巨大な石炭積み出し施設として注目を集めた手宮高架桟橋は、驚くべきことに木材を組み上げて造られていた。それだけに老朽化は早かったようで、戦時下の昭和19（1944）年、空襲の標的になるという理由から解体された。解体後も昭和30年代中頃までは海上に基部が残っており、上の写真で水面に杭が並ぶように見えるのがそれだ。

画面左、斜めに立ち上がる2基の構造物は戦後に造られた〈北炭ローダー〉と呼ばれる石炭積み出し施設。昭和50年代まで使われ、現在では海上に台座だけが残っている。

▲◀築港地区の石炭ローダー

◆昭和40年代前半　◆所蔵／新谷　了（2点とも）

明治初期から石炭積み出しの拠点として機能してきた手宮も、やがて扱い量が増大するとともに手狭となる。そこで勝納川河口・小樽築港地区の埋め立て地に手宮を上回る機能を備えた施設が建設されることとなる。道内で産出した石炭を貯蔵し、船または鉄道の貨車で発送する大規模な施設は昭和11（1936）年に完成した。左の写真はケーブルカーのようにワイヤーを使って貨車を動かす〈ミュールカー〉と呼ばれる駆動装置。左端には石炭を積んだ貨車をそのまま半回転させ、石炭を一気に落とす〈カーダンパー〉が見える。

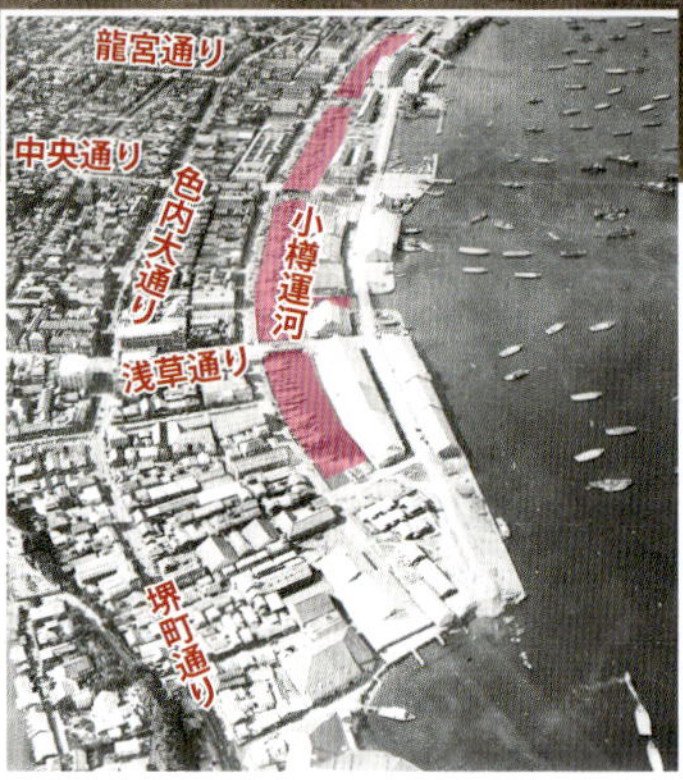

▲小樽で初の航空写真

◆大正15年8月　◆所蔵／小樽市総合博物館

大正15（1926）年8月2日、〈小樽新聞社〉所有の飛行機〈北海1号〉は東京から札幌への「縦断飛行」を成功させたのち、小樽上空での写真撮影を行った。小樽初の航空写真には、経済の絶頂にあった街の姿が克明に記録されている。色内の銀行街では主要な建築の多くがすでに姿を現し、3年前に全区間が竣工した小樽運河にはびっしりと艀が並んで活況を物語る。

▲艀《はしけ》による荷役

◆昭和30年代前半
◆所蔵／小樽市総合博物館

沖合に停泊した貨物船に向かって、荷を満載した艀が進んで行く。港らしい情緒ある光景だが、岸壁に船を横付けするのが当たり前となった今では見ることもなくなった。倉庫から艀へ、そこから再び船へと、多くを人力による作業は確かに効率的ではない。積み荷の袋は少しのずれもなく整然と積み上げられ、ていねいさの要求される仕事であったことを伺わせる。

◀新春の小樽港

◆昭和30年1月3日
◆所蔵／小樽市総務部広報広聴課

これも上の写真と同時代の港の荷役作業の様子。艀ではなく岸壁に直接、船を横付けしている。しかしクレーンに積める量は少なく、やはり作業の多くは未だ人力が頼りだ。

▲高島港、独航船の見送り

◆昭和29年5月1日
◆所蔵／小樽市総務部広報広聴課

高島漁港を出航する北洋漁業「独航船」の見送り風景。戦後、昭和27（1952）年に再開された北洋漁業はベーリング海でのサケ・マス漁を中心に、大手水産会社が所有する大型の「母船」と、それに付随して買魚契約を結んだうえで漁を行う小型の「独航船」から成る船団で行われた。小型船は漁場に着くまでは母船と行動を共にせず、単独で航海したことから「独航」の名がある。

独航船は北海道・東北のおもな港湾都市から、毎年4月末から5月初旬にかけて多数が出航した。大漁旗を掲げた漁船が軍艦マーチの鳴り響くなか、関係者や家族に見送られながら出発していくのは、北国の春の恒例行事でもあった。

小樽で独航船の多かった港といえば高島漁港だ。古くは江戸時代後期の鰊漁にさかのぼる歴史ある〝漁師町〟であり、小樽周辺では屈指の漁業拠点であった。大正年間から漁船の動力化が進んでいたこともあって独航船への参入にも積極的で、小樽での北洋出港といえば毎年必ず、ここでの盛大な見送りシーンが新聞などでニュースとして大きく取り上げられている。

見送りにあたって近親者は正装で臨むのが習いで、写真にも和服姿の女性たちや、学校の制服を着た少年少女の姿が見られる。漁業者の多い高島では、出航の日は見送りのために学校の授業が早めに切り上げられたという。

しかし昭和50年代に入りアメリカ、ロシアがともに漁業専管水域を２００カイリに拡大したことから北洋漁業は急速に衰退へと向かう。北国の港町の春に賑わいをもたらした独航船の時代にも、幕が下ろされた。

◆昭和45年8月2日（上と下）・46年6月9日（右下）
◆所蔵／小樽市総務部広報広聴課（3点とも）

カーフェリーがやって来た！

舞鶴から敦賀を経由して小樽に至る〈新日本海フェリー〉の大型船が運航を始めたのは昭和45（1970）年8月。これに合わせて当時、国内最大となるカーフェリー〈すずらん丸〉（9300t）が新造された。戦前まであった多数の航路が消えて久しい小樽港で待望の大型船の定期運航とあって、市民の関心の高さには並々ならぬものがあった。経済効果への期待も高く、当時の新聞にはフェリーを北前船になぞらえて、日本海沿岸地域とのあいだで再び交流を活性化させるチャンス、といった記事も読める。

写真上は船内の一般公開に集まった人々の長蛇の列。もっとも埠頭の施設は整備が進まず、下船した乗客たちは未舗装の埠頭上を歩いてバスへと向かう状態がしばらく続いた【写真下】。

【2】街と人々

①明治時代

明治という新時代の到来とともに、北海道の玄関口となった小樽の近代化は、急速に進む。市街地が拡がり、さまざまな建物が立ち並んで街並みを形成していった。

●商業地区の中心、色内大通り

港町として市街地の形成が始まった小樽で、商業地区としてめざましい発展を遂げたのが水際に近い色内町だ。明治中頃から銀行支店や商社社屋が建ち始めてビジネス街区ができあがっていく。

色内大通り〈1〉
◆明治42～43年
◆所蔵／市立小樽図書館

小樽の街が繁栄の絶頂へと向かう明治末期、繁華な通りのひとつであった色内大通りの賑わいを写している。画面中央の交差点を横切るのが中央通りで、右に進めば小樽駅――この時代の名称は〈中央小樽〉駅――に突き当たる。色内町のこのあたりは明治

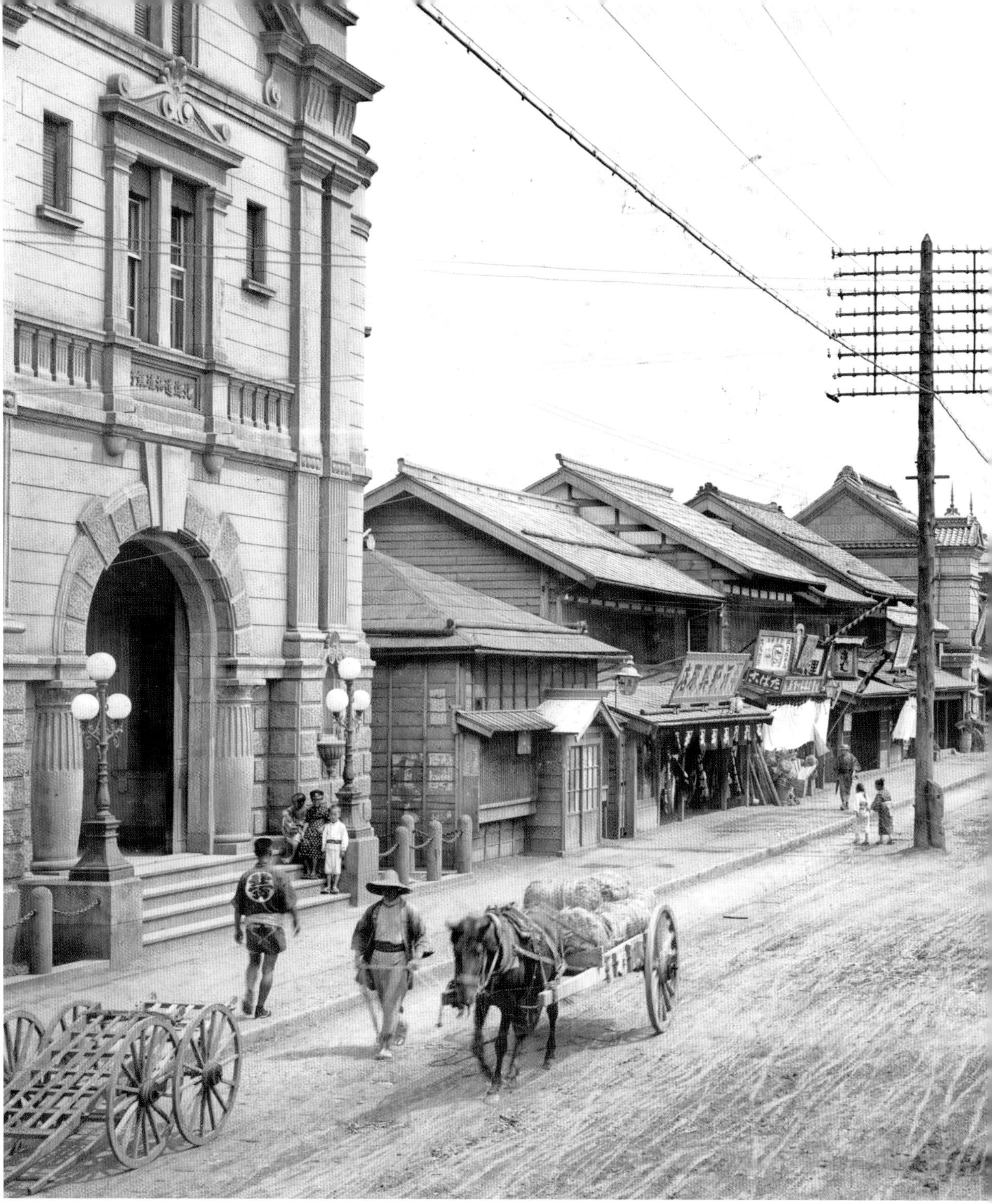

37（1904）年5月の稲穂町大火で焼け野原となったが、そこから数年を経て街は何事もなかったかのように立ち直っている。道行く人々は誰もが和装、手前の少女たちの高く結い上げた髪型にも明治時代らしい古風な趣が感じられる。

　画面左端に見える壮麗な石造り建築は〈北海道拓殖銀行小樽支店〉（明治39年12月竣工）。拓銀小樽支店といえば色内交差点の角に現存する建物（大正12年10月竣工・→P36）がよく知られているが、この写真の建物はそちらに移転する前に使われていたものだ。

　拓銀支店から2軒目、古風な木造商家が掲げる看板には〈ヰ河野呉服店〉の文字が読める。河野の店は大正6（1917）年、稲穂町に移転、店名は「呉服店」のままでもデパートに近い業態への進化を遂げた。その店舗は昭和の戦後になって〈ニューギンザ〉デパートへと受け継がれていく。

　写真の撮影者はP16・17と同じく竹村伊蔵。彼独自の撮影手法を用いて地上数メートルの高い視点から、きわめて鮮明な画像を撮っている。

色内大通り〈2〉

◆明治42〜43年
◆所蔵／市立小樽図書館

前ページと同じく竹村伊蔵の撮影による色内大通り。こちらは中央通りとの交差点から100mほど南側に進み、旧〈小樽商工会議所〉のあたりから手宮方向を向いて撮影している。この画像もまた建物1階の屋根付近、すなわち地面から3m程度の高さで撮られており、道路の真ん中に櫓《やぐら》、もしくは高い脚立を立てて撮影したものと思われる。その様子は相当に人目を惹いたはずだが、通行人のほとんどがカメラにまったく注意を向けていないのが不思議だ（P17の写真ではカメラの下に人だかりができているが、人々の反応としてはこの方がむしろ自然だろう）。

画面右端の建物は(井)の印を染め抜いた暖簾《のれん》を掲げる〈今井呉服店〉。一見したところは古風な商家の造りだが、大火の教訓から石造りとし、飾り屋根や2階のバルコニーなど洒落た意匠を採り入れている。この店も大正12（1923）年には稲穂町に移転しデパートの形態へと様変わりする。呉服店の向かい、2階中央にバルコニーのある建物は今井呉服店の洋物部。

　その隣は〈工藤時計店〉で、軒先に掲げた大時計がよく目立ち、界隈のランドマーク的存在だった。

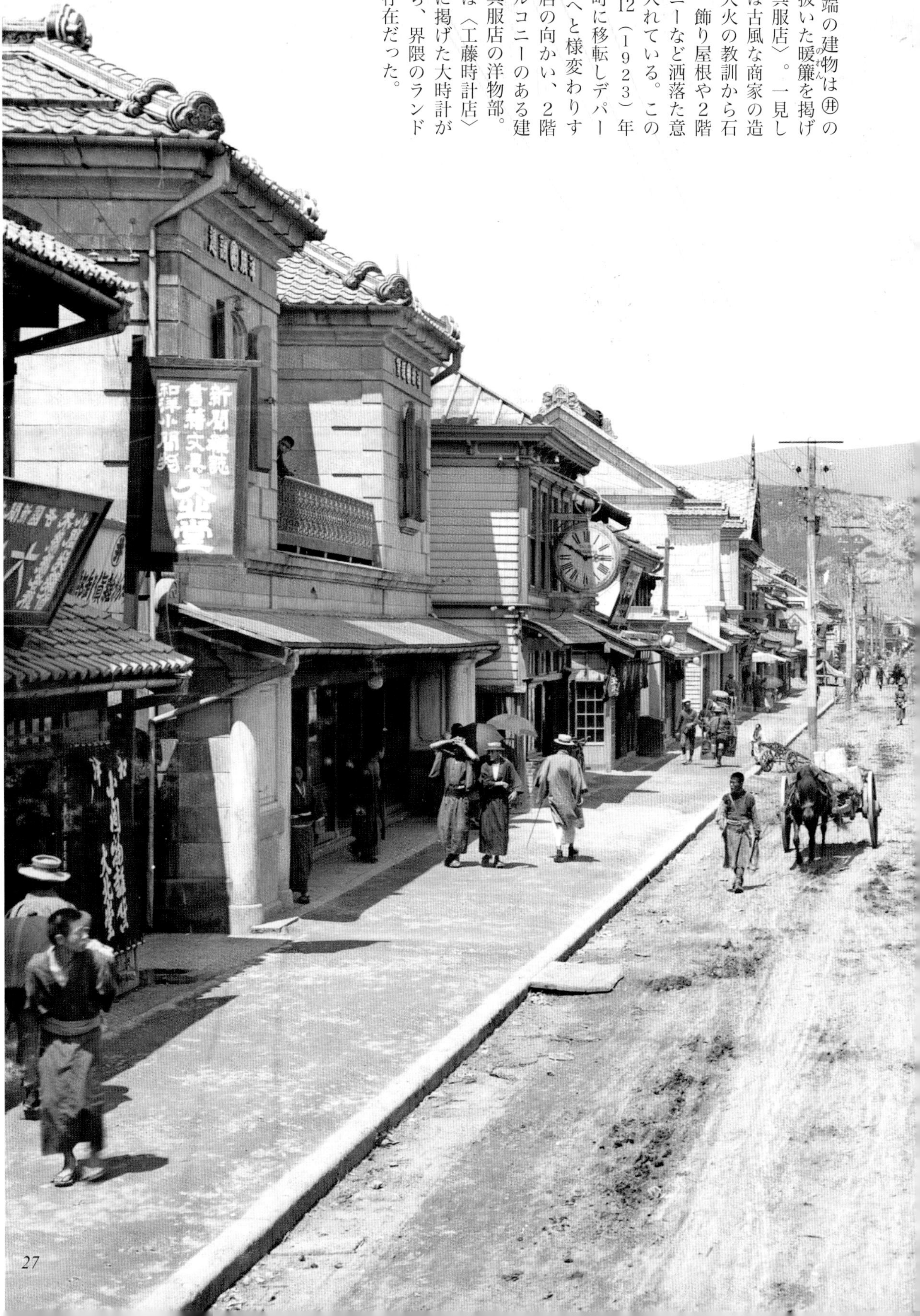

▲水天宮の丘から市街地を見渡す

◆明治35年頃　◆所蔵／小樽市総合博物館

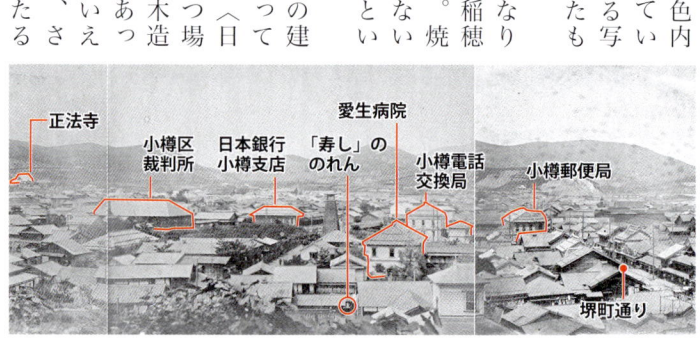

水天宮の丘の北側斜面から稲穂、色内にかけての市街中心部を見下ろしている。高台から小樽の街並みを俯瞰する写真は数多いが、この場所から撮られたものは珍しい。

この画像に写る市街地のうち、かなりの部分は明治37（1904）年5月の稲穂町大火によって焼けた地域に重なる。焼失前の写真が他にはあまり残っていない建物もあり、その点でも貴重な写真といえる。

特に画面左側、〈小樽区裁判所〉の建物がはっきり写る写真は他に見つかっていない。裁判所があったのは現在の〈日本銀行旧小樽支店金融資料館〉が建つ場所で、この画像からは建物が質素な木造2階建てながら、かなりの大きさであった様子がわかる。一方の日銀支店といえば火の見櫓の左側に位置する建物で、さほど大きくはない。現在に残る堂々たる支店の建物が竣工するのは明治45（1912）年7月27日、明治時代が幕を閉じる3日前のことだ。

この写真が撮影された時点で、現在の小樽駅はまだ存在しない。函館から小樽に乗り入れる〈北海道鉄道〉の蘭島～小樽（開通時の駅名は「小樽中央」）間が部分開通し、山の手の稲穂町に新しい駅が開業するのは明治36年6月28日。駅が置かれたのは、写真左端に大きな屋根の見える〈正法寺〉の付近だった。当時、このあたりは未だ市街の賑わいが及ばず、寺や墓地が集まる閑静な〝寺町〟だった。寺の門前に線路が敷かれた正法寺は明治38年、緑町の現在地に本堂を移築している。

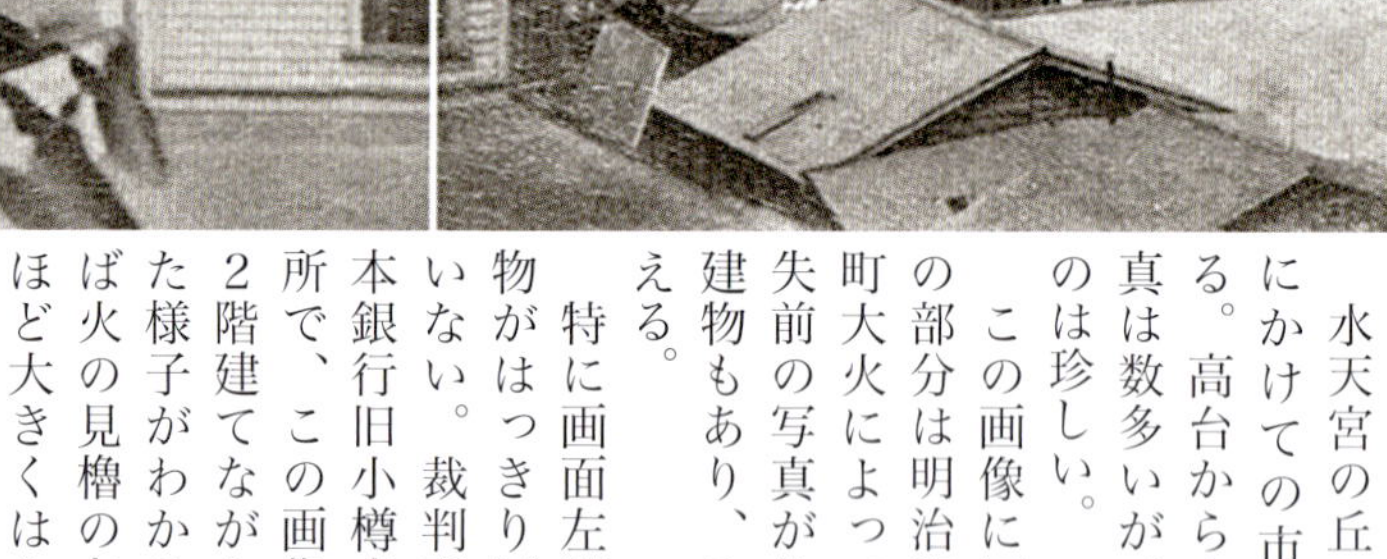

写真の細部を見ていくと、いくつかのおもしろい発見がある。画面中央の下側に見えるのは「寿し」の暖簾《のれん》。現代でも目にするような崩し字だ。店が建つのは水天宮下の於古発《おこばち》通り、近年では〈寿司屋通り〉の通称もある通り沿いである。もちろんこれはまったくの偶然で、寿司屋通りの名が生まれるのはずっとあと、昭和の時代も末期になってからのことだ。

画面右端付近、堺町通りを見ると商店の軒先には大きな提灯や旗が掲げられている。住吉神社例大祭の飾りだ。

浅草通りに面して建つ〈小樽区裁判所〉。裁判所を写したことが明記された写真だが、建物の様子はわからない。先を尖らせた丸太の塀が時代劇に出てくる関所のようで、物々しい感じ
◆明治30年代

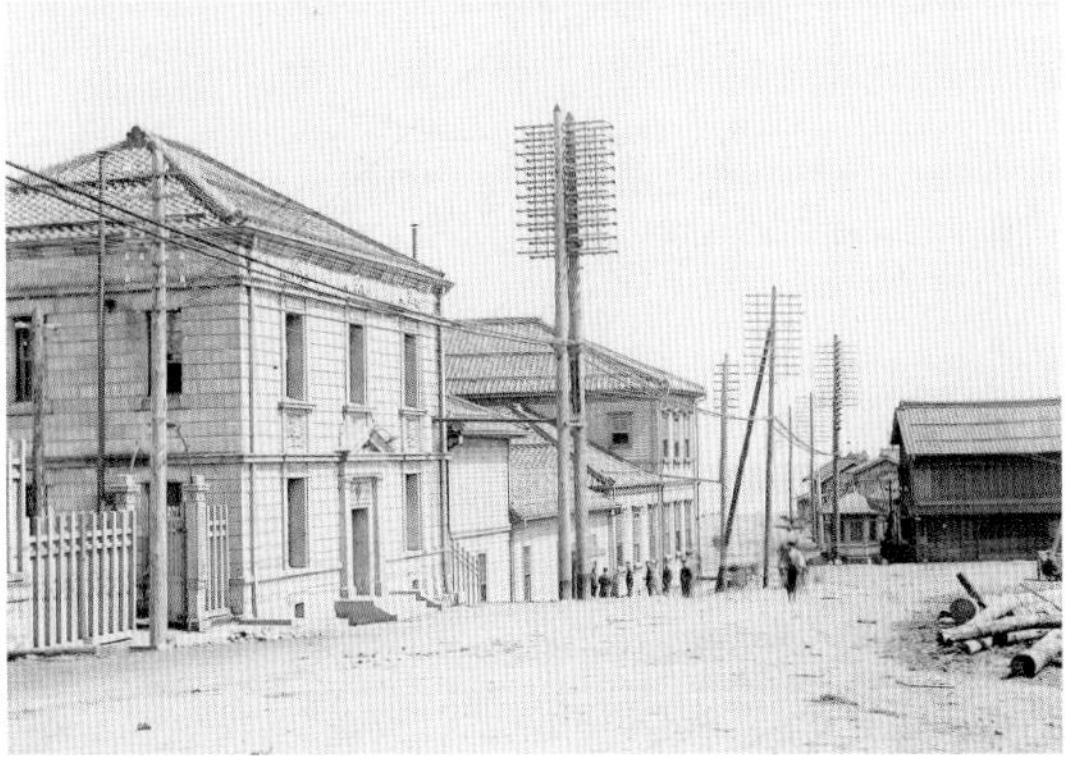

上のパノラマ写真にも見られる電話交換局（画面左）と小樽郵便局。小樽での郵便業務は明治5（1872）年、信香町の二等郵便請負局に始まり、明治20年には色内町に庁舎を移転する。以来130年近くを経た現在まで、建物は変わっても同じ場所で業務を続けている
◆明治30年代

◆所蔵／小樽市総合博物館（奥山コレクション・上2点）

▼富岡の住宅地 ——水天宮を遠望——

◆明治30年代 ◆所蔵／小樽市総合博物館（奥山コレクション）

明治のアマチュア写真家、奥山富作による作品。この時代になると小型軽量のカメラが普及し、感光剤の高感度化も進んで現代のスナップ写真とさほど変わらない手軽な撮影が可能となった。雪解けの時期なのか、喜々として走り回る子どもたちの速い動きが、楽しげな表情とともにはっきりと捉えられている。

撮影場所は奥山の自邸があった富岡町、現在の〈小樽警察署〉並び、〈北海道電力〉の場所だ。富岡町は明治後期に宅地開発の始まった一帯で、富裕な商業者たちがこぞって邸宅を構え、お屋敷町を形成した。その背景には、雑多な建物が密集して火災の危険の高い市街中心部を避けようとの思惑もあったらしい。

子どもたちが遊ぶ土地の後ろ側では明治38（1905）年8月に、現在の小樽〜南小樽駅（開業当時の駅名は高島〜小樽駅）間を結ぶ鉄道が開通するが、撮影時点ではまだその線路ができていない。背景には水天宮の丘が見え、その頂《いただき》に小さな祠《ほこら》がぽつんと建つ様子がわかる。現存する社殿が竣工したのは、これよりずっと後、大正8（1919）年のことだ。

▼中央通りの街並み

◆明治後期 ◆所蔵／小樽市総合博物館

現在の小樽駅の位置に初めて停車場が開業したのは明治36（1903）年6月28日。当時の駅名は〈小樽中央〉だった。その時代、街の賑わいは港周辺にあり、新しい駅が置かれた山の手界隈は薄寂しい場所だった。しかし駅ができるとその周辺や、駅前からまっすぐ港に下る中央通り——〈駅前通り〉あるいは〈第二火防線〉の呼称もある——は急速に発展していくこととなる。さまざまな商店のほか、列車乗り継ぎ客のための旅館も目立っていた。

街を襲った大火の数々

明治時代以降、小樽の街は度重なる火災に見舞われてきた。防火・消防体制も通信手段も未熟なうえ、市街地には木造家屋が密集し、家庭ではまだランプや裸火を使うところも多かった。こうした状況は当時の日本で多くの街に共通していたが、それに加えて小樽では密集した市街地に急傾斜が多いために類焼しやすく、狭く入り組んだ道が消火活動の支障となる、さらには日本海岸特有の春先の強風に見舞われる、といった事情もあった。

明治の後半から昭和の初めまで、小樽では焼失戸数が１００を超える大火が数年おきに発生している。明治37・39年、大正2・8・12年のように1年間に数回の大火が立て続けに発生した年もある。市民生活は火災の恐怖とまさに背中合わせだったのだ。

なかでも焼失戸数において最大となったのが明治37（１９０４）年5月8日夜に起きた〈稲穂町大火〉だ。火元となったのは現在の〈小樽産業会館〉付近の民家で、ランプの火が出火につながったとされる。強風にあおられた火は防火帯を越えて拡がり、稲穂町から色内町、石山町方面にわたる２４８１棟を焼き、27時間後にようやく鎮火した。

しかし計画的な街づくりが行われず、街並みが自由な発展に任すままだった小樽では、結果として大火が市街整備のきっかけになる側面もあった。それにしても焼けても焼けてもすぐに街が復興する明治後期から大正の小樽は、それだけ財力が豊かであったことの証しともとれる。また商家や倉庫に石造りの建物が広まったのも、類焼に対する備えという意味が大きかった。

▲手宮地区の街並み

◆明治25年頃
◆所蔵／小樽市総合博物館

石山の高台から手宮の街並みを見渡すパノラマ写真。撮影は明治25（1892）年頃と古く、未だ発展途上の街の様子を鮮明な画質で記録した写真として貴重だ。

画面右端から中央に向かって斜めに延びる道路は〈手宮町通り〉の名で呼ばれた〈日本郵船小樽支店〉前の通り。当時、手宮駅を出た鉄道の線路はこの道路上に敷かれていた（画面右端近くにわずかながら線路が写っている）。

左側に見える道路は現在の錦町のバス通り。画面奥で高台を越えて高島方面に延びている（高島まで海沿いの道が開通するのは、ずっと後の大正10年のこと）。

画面中ほどに開けた場所があるのは厩舎《きゅうしゃ》と馬場で、よく見ると馬の姿も認められる。画面左奥では丘陵の山肌が切り拓かれている。このあたりでは果樹栽培が盛んに行われ、一帯の大地主である能島《のじま》家もリンゴなどの栽培を広く手掛けていた。

日本郵船小樽支店

◆明治中期　◆村住家所蔵

◀手宮町通り ――路上に敷かれた鉄道の線路――

◆明治後期 ◆所蔵／小樽市総合博物館

これが〈手宮町通り〉と呼ばれた日本郵船小樽支店前の通り。商店が並び、人々が行き交う道路の上に線路が延びる不思議な光景だ。この手宮地区と小樽市街中心部のあいだに、原初の地形では石山と呼ばれる丘陵が横たわり、両地区間の交通を妨げていた。

明治13（1880）年、手宮～札幌方面への鉄道を敷設するにあたっては、石山の裾を切り拓いて鉄道用地を造り出すことをせず、既存の道路の上に線路を敷いてしまった。その結果、列車が家並みのすぐ前を、まるで路面電車のように通ることとなったというわけだ（→P64）。

元市会議員の山谷敏行氏は戦前、この通りに関し「店先の道路を汽車が走るので町民は如何に閉口したであろうが、よく我慢していることだと思う」と述懐している。ようやく鉄道の専用軌道が完成し、鉄道が道路から切り離されるのは鉄道開通から四半世紀近くも後の明治37（1904）年。前年4月の手宮大火で一帯が焼け野原になったのを機に、新たな街づくりが行われた結果だ。

右ページ下の写真で馬の背後に見えるバルコニーのある建物が〈日本郵船小樽支店〉。この社屋も手宮大火で焼失した。その後、明治39年10月には荘厳な石造り建築の社屋が落成し、今も堂々たる姿を見せている。

写真中央、日章旗を掲げた商家は明治6（1873）年創業の歴史ある和洋雑貨店〈仝梅屋商店〉。店の2代目店主・村住政太郎はアマチュアの写真愛好家であり、奥山富作（→P30）とは共に撮影に出掛ける写真仲間でもあった。

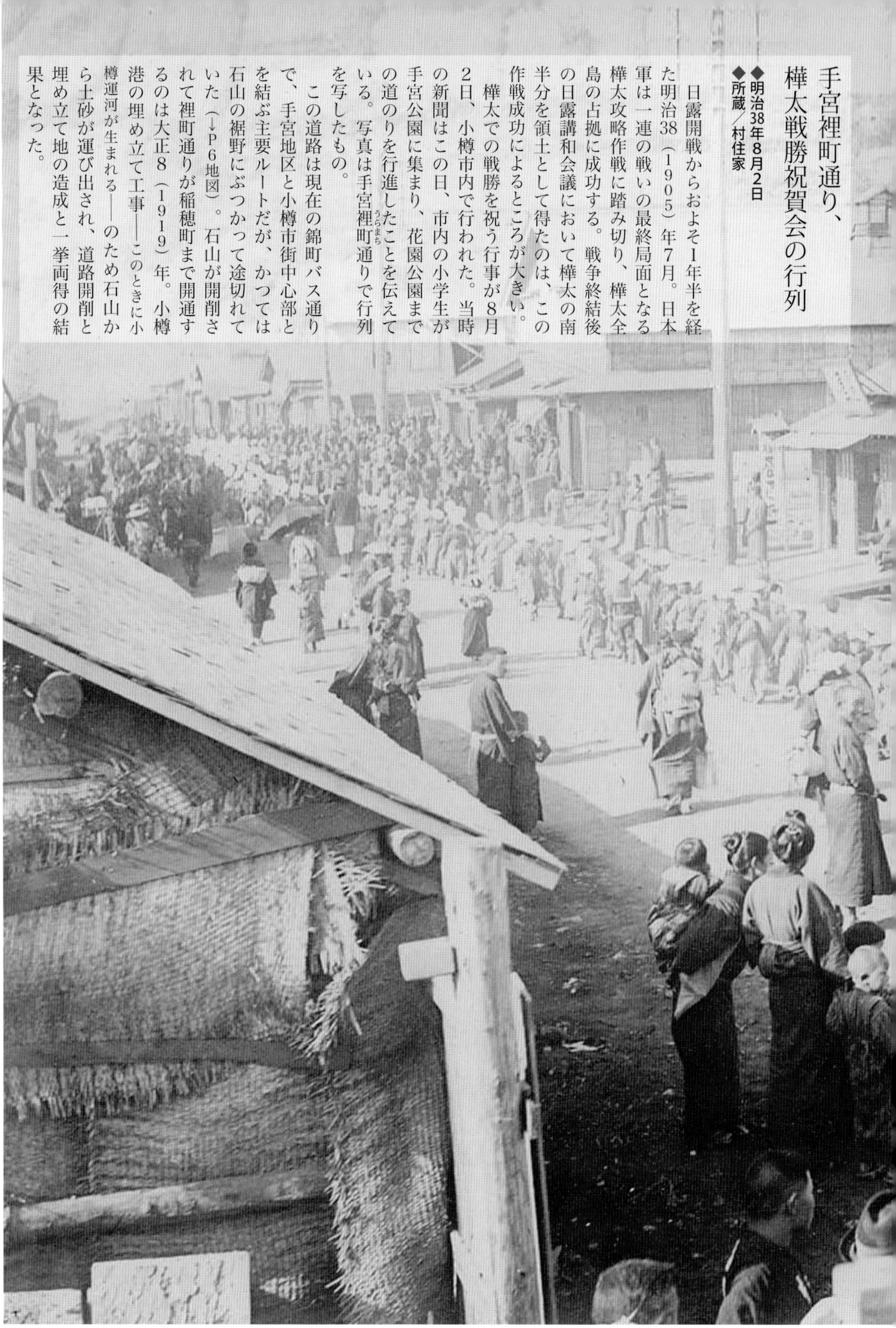

手宮裡町通り、樺太戦勝祝賀会の行列

◆明治38年8月2日
◆所蔵／村住家

日露開戦からおよそ1年半を経た明治38（1905）年7月。日本軍は一連の戦いの最終局面となる樺太攻略作戦に踏み切り、樺太全島の占拠に成功する。戦争終結後の日露講和会議において樺太の南半分を領土として得たのは、この作戦成功によるところが大きい。

樺太での戦勝を祝う行事が8月2日、小樽市内で行われた。当時の新聞はこの日、市内の小学生が手宮公園に集まり、花園公園までの道のりを行進したことを伝えている。写真は手宮裡町《うらまち》通りで行列を写したもの。

この道路は現在の錦町バス通りで、手宮地区と小樽市街中心部を結ぶ主要ルートだが、かつては石山の裾野にぶつかって途切れていた（↓P6地図）。石山が開削されて裡町通りが稲穂町まで開通するのは大正8（1919）年。小樽港の埋め立て工事――このときに小樽運河が生まれる――のため石山から土砂が運び出され、道路開削と埋め立て地の造成と一挙両得の結果となった。

【2】街と人々① 明治時代

【3】

街と人々

②大正～昭和戦前

日露戦争後の上り調子を引き継ぎながら、大正時代に入ると〝大戦景気〟で小樽経済は絶頂をきわめる。その好況は昭和初め、次の大戦が近付くまで続いた。

色内町浅草通り、銀行街の形成

◆大正13年　◆所蔵／小樽市総合博物館

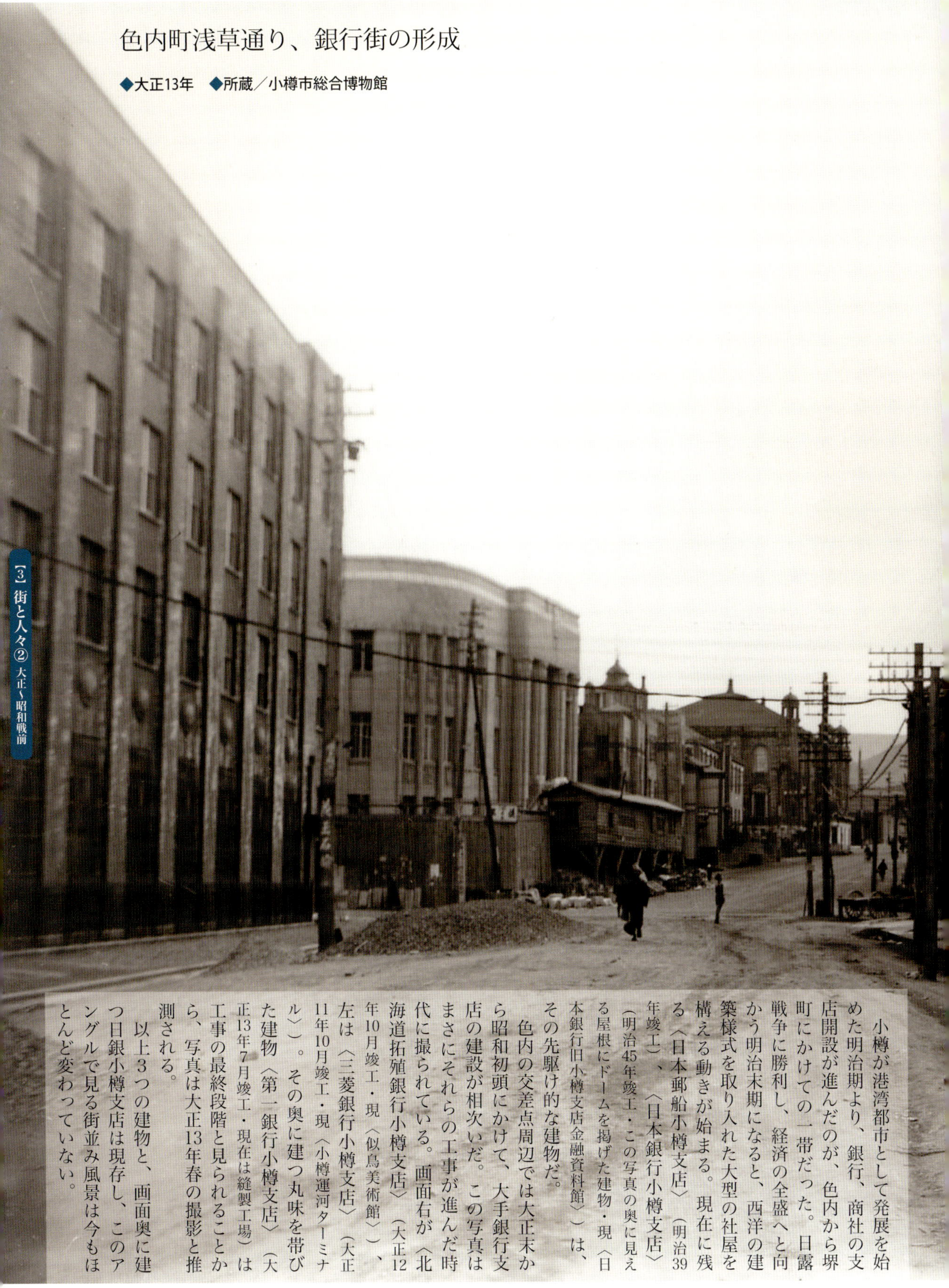

小樽が港湾都市として発展を始めた明治期より、銀行、商社の支店開設が進んだのが、色内から堺町にかけての一帯だった。日露戦争に勝利し、経済の全盛へと向かう明治末期になると、西洋の建築様式を取り入れた大型の社屋を構える動きが始まる。現在に残る〈日本郵船小樽支店〉（明治39年竣工）、〈日本銀行小樽支店〉（明治45年竣工・この写真の奥に見える屋根にドームを掲げた建物・現〈日本銀行旧小樽支店金融資料館〉）は、その先駆け的な建物だ。

色内の交差点周辺では大正末から昭和初頭にかけて、大手銀行支店の建設が相次いだ。この写真はまさにそれらの工事が進んだ時代に撮られている。画面右が〈北海道拓殖銀行小樽支店〉（大正12年10月竣工・現〈似鳥美術館〉）、左は〈三菱銀行小樽支店〉（大正11年10月竣工・現〈小樽運河ターミナル〉）。その奥に建つ丸味を帯びた建物〈第一銀行小樽支店〉（大正13年7月竣工・現在は縫製工場）は工事の最終段階と見られることから、写真は大正13年春の撮影と推測される。

以上3つの建物と、画面奥に建つ日銀小樽支店は現存し、このアングルで見る街並み風景は今もほとんど変わっていない。

◆昭和初期
◆所蔵／小樽市総合博物館

タクシー、バスが走り始めた大正時代

大正時代、街に起こった大きな変化といえば自動車の出現だ。小樽では大正8（1919）年7月に〈スミレタクシー〉が車両1台のみで開業したとの記録がある。前年夏、札幌と小樽の2都市を会場として開かれた〈開道五十年記念北海道博覧会〉では、札幌市内でタクシーが運転されて評判を呼び、これを受けて小樽での開業につながった。その後、昭和初頭にかけて小規模な業者の参入が相次ぎ、なかには人力車営業から転向したものもあったという。

バスに関しては大正10（1921）年6月に〈小樽乗合自動車〉が、直後の同年9月には〈小樽市街自動車〉が、相次いで運行を始めている（それ以前の大正3年に〈小樽自動車〉が営業を始めたが、わずか2年の短命に終わった）。「乗合」の車体は青、一方の「市街」は茶褐色だったことから「青バス」「赤バス」と呼ばれたが、両社は同じような路線を運行したために競争が激しく、運転手同士が集結して乱闘事件を起こした、などという話も伝えられている。大正12（1923）年6月に両社は合併、〈小樽市街自動車〉に一本化して事業を継続した。

【写真上】 撮影場所は中央通りと稲穂大通りの交差点で、角の〈キタノホマレ〉（北の誉）の店舗が目を引く。通りの奥に建つ白く角張った建物は、デパートの〈大國屋〉。もとは富山県を本拠とする呉服商で、明治40（1907）年、稲穂町に支店を開設。昭和9（1934）年10月、この建物を新築してデパートの業態で新装開業している。

【写真左】 花園第一大通りの芝居小屋〈錦座〉前。画面右に停車しているのはタクシーと見られる。車両は〝T型フォード〟と呼ばれたアメリカ、フォード社製で、1908（明治41）年から1927（昭和2）年までの長期にわたって生産された大衆車だ。日本にも多くが輸入され、大正時代を中心に多数が走った。左側に見える車はバス。

錦座の前に掲げられた大きな幟《のぼり》には「松竹合名社 錦座」の文字が読める。錦座は大正12（1923）年8月22日に松竹の経営となって興業を開始していることから、写真はその頃に撮られたものと思われる。14年7月には名を〈松竹座〉と改めた（↓P47）。

競争激しかった大正・昭和のバス会社

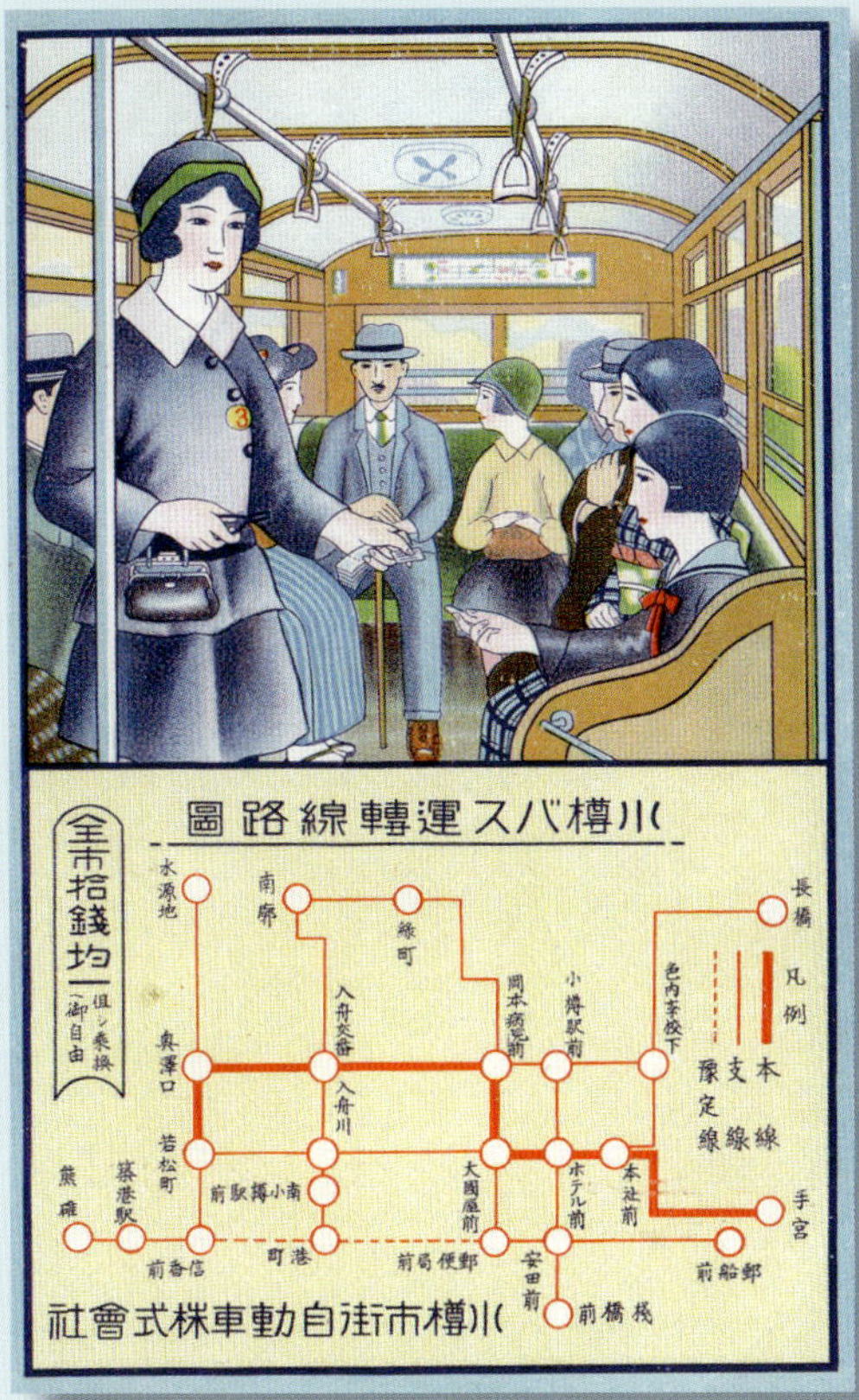

〈小樽市街自動車〉の路線案内図。発行年は不明だが、路線は長橋、（奥沢）水源地、熊碓など市街周辺の行楽地にまで広がっていることから昭和の時代に入ってからのものと思われる。

小樽では先発のバス会社として市内主要路線を押さえていた市街自動車だが、昭和7年になると〈小樽郊外自動車〉が新たに参入して小樽～余市間の運行を開始。海水浴シーズンに塩谷までの便を運行していた市街自動車との競争を激化させることとなった。結果としては郊外が市街自動車に営業譲渡して会社解散となる。その後、市街自動車は戦時中の事業統合を経て現在のバス大手〈北海道中央バス〉の母体へと繋がっていく。

◆大正12～14年
◆所蔵／小樽市総合博物館

電気館の手前、〈カムキツル〉の文字を掲げた建物は〈㋵白方商店〉の店舗。明治24（1891）年に積丹町余別で〈神威鶴〉を作り始めた酒造店で、大正5（1916）年には製造拠点を小樽市奥沢に移して昭和57（1982）年まで操業していた。昭和初期の築とされる白方のこの建物は都通りアーケード内で今なお健在で、市の歴史的建造物に指定されている。

通りに多数の旭日旗が掲げられているのは小樽港に来た艦隊を歓迎するもので、画面左端には「軍人大割引」の看板も見える。市街中心部の目抜き通りでは昭和10〜11年に道路の舗装が行われていることから、写真は昭和10年9月11日に入港した連合艦隊を迎えたときの撮影とみられる。街の賑わいのなかにも戦争の足音が、かすかに聞こえ始めた時代だ。

昭和初期、稲穂第一大通りの賑わい

◆昭和初期
◆所蔵／小樽市総合博物館

現在ではアーケードとなっている稲穂第一大通りの中心部。街並みのなかでひときわ高い建物は〈電気館〉。大正3（1914）年に開業して一世を風靡したこの映画館は一帯の賑わいの中心であり、通りには〈電気館通り〉との通称も生まれた。それに替わる〈都通り〉の名は昭和6（1931）年〈小樽海港博覧会〉の開催に合わせ、公募によって誕生した。

祝
海港博
お菓子
すゞらん美粧院
わが子わが母

盛夏の花園第一大通り

◆昭和6年
◆所蔵／小樽商工会議所

浴衣姿に日傘をさした女性たち、パナマ帽の男性と、道行く人々の装いがいかにも夏らしい。写真は昭和6（1931）年〈小樽海港博覧会〉に合わせて撮影されたもののひとつ。花園第一大通り（現在の花園銀座街）の鉄道踏切から手宮方向を向いて撮られている。文字が反転しているが「◎寿司」の看板を掲げるのは料亭〈蛇の目〉。店の経営者・加藤秋太郎は〈オタモイ龍宮閣〉（→P88）を建てた人物として知られている。

▲中央通りの〈北海ホテル〉

◆昭和初期　◆所蔵／小樽市総合博物館

中央通りと稲穂大通りの交差点に面し「キタノホマレ」の看板を掲げるのは、小樽を代表する酒造メーカー〈㋵野口酒造〉の店舗。道路を隔てたところには〈北海ホテル〉（開業当初は〈北海屋ホテル〉）が建つ。大正7（1918）年に開業した北海道初の純洋式ホテルで、出資者には北の誉創業家の野口喜一郎も名を連ねていた。

ホテル内の〈カフェーモンパリ〉も人気を集めた。宣伝用の絵はがき（左写真）には洒落た内装の館内とともに〝美人女給〟の顔写真もあしらわれている。大正から昭和初期にはカフェーがブームとして広まるが、モンパリは市内きっての高級店で庶民には少々敷居が高かったようだ。

大正時代の栄華の象徴だった〈北海ホテル〉。ホテルとしての営業は昭和43年までで、46年に解体された

◆大正～昭和初期　◆所蔵／小樽市総合博物館

▲稲穂第一大通りに並ぶデパート

◆昭和初期　◆所蔵／小樽市総合博物館

大正から昭和初頭にかけてはまた、デパートが一般市民の買い物や身近な娯楽の場として広まった時代でもあった。それまで色内大通りに店を構えていた〈(井)今井呉服店〉が大正12（1923）年、稲穂町に近代的な3階建て——後年4階建てに増築——の洋風建築の店舗を構えて進出。名称は呉服店でも、業態は百貨店へと進化していた。

昭和9（1934）年には呉服店〈大國屋〉が同じ稲穂町でデパートのスタイルに衣替えして開業。さらに戦後、昭和30（1955）年になると稲穂町〈(キ)河野呉服店〉を前身とする〈ニューギンザ〉がデパートとして参入する。こうして稲穂第一大通りには、わずか200mほどの区間に3つのデパートが並び、繁華な街並みを形成することとなった。

新装開業した大國屋には当時まだ珍しかったエレベーターが設けられていた。エレベーターガールは当時の女性の花形的職業だった
◆昭和初期　◆所蔵／小樽市総合博物館

昭和9年、デパートとして開業した頃の大國屋店内、化粧品売り場
◆昭和初期　◆所蔵／小樽市総合博物館

電気館 ―一世を風靡した〝娯楽の殿堂〟―

◆大正～昭和初期 ◆所蔵／小樽市総合博物館

電気館のイルミネーション

◆大正〜昭和初期　◆所蔵／小樽市総合博物館

公園館
◆大正〜昭和初期
◆所蔵／小樽市総合博物館

電気館より1年早く、小樽公園通りに大正2年開館。映画専門興業館の先がけとなった。画面左側には水天宮の丘が見える

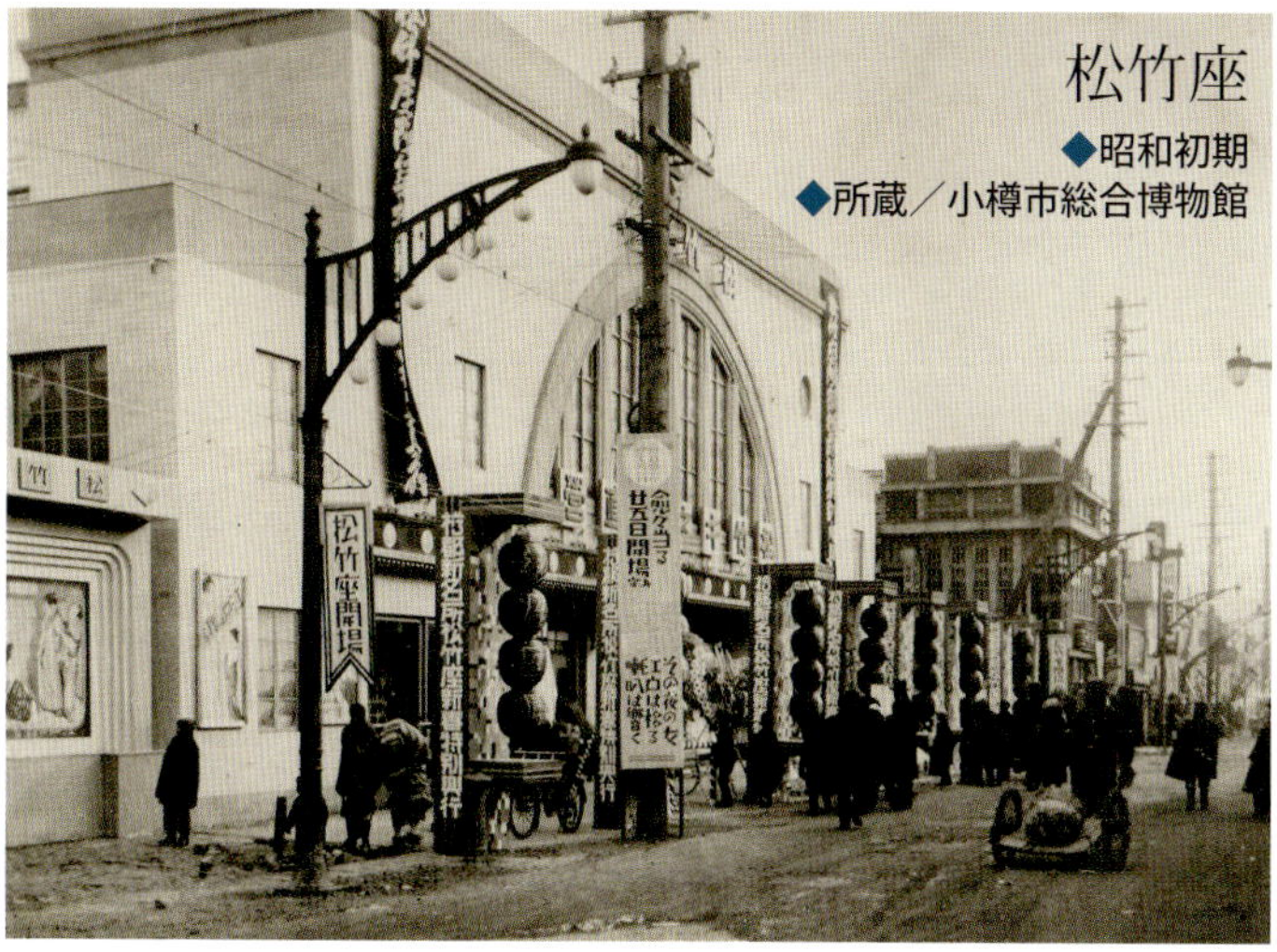

松竹座
◆昭和初期
◆所蔵／小樽市総合博物館

前身は芝居小屋〈住吉座〉、その後〈錦座〉を経て大正14年に〈松竹座〉となる。晩年はボウリング場となって平成の初頭まで存続した

小樽で映画の上映が行われるようになったのは明治時代の末頃から。当初は芝居小屋での珍しい見せ物のひとつとして広まっていった。そこに“映画専門”の謳い文句を掲げて颯爽と登場したのが〈電気館〉だ。開館は大正3（1914）年7月10日。6階建て相当という当時の市街では図抜けた高さの塔屋を備えた建物で、開館式当日の新聞には「区内の紳士紳商千五百名を招待し開館式を挙行」と報じられ、いかにも派手なデビューを飾る。夜には外壁に施されたイルミネーションが光り輝き、街の人の注目を集めた**【写真上】**。

電気館の名は明治36（1903）年、東京浅草に開業した映画専門の興業館の名をそのまま付けたもの（浅草の電気館はもと電気を使った見せ物を行っていたことからその名が付けられた）。小樽の電気館は繁華街の賑わいの中心となり、建物が面した道路は〈電気館通り〉の通称で呼ばれていた（昭和6年に〈都通り〉が正式名称となる）。昭和14（1939）年に建物を全焼するもすぐに再建を果たし、昭和の終わり近くまで小樽を代表する映画館として親しまれた（→P54）。

【4】 街と人々

③ 昭和戦後

明治・大正から戦前まで続いてきた絶好調も、ここに来てブレーキが。昭和30～40年代〝斜陽都市〟の文字が新聞にも目立ち始める。それでも街なかの風景には、この時代ならではのなつかしい香りがたっぷり。

色内、銀行街の戦後

◆昭和23〜26年　◆所蔵／小樽商工会議所

浅草通りと稲穂通りの角に建つ〈北海道拓殖銀行〉屋上から、港方面を俯瞰する。通りの奥に建つ旧〈三菱銀行小樽支店〉の建物外壁には〈千代田銀行〉の文字が見える。戦後の財閥解体によってこの名を用いたのは昭和23〜28（1948〜53）年の5年間。〈日本銀行小樽支店〉の向かい——ポプラの木が並ぶあたり——に昭和27年に竣工する〈小樽地方貯金局〉の建物は写真に写っていないことから、撮影は昭和23〜26年のあいだと推定される。戦後の混乱から立ち直り、復興へ取り組んでいく時期だ。

晩年の銀行街

◆昭和40年代前半　◆所蔵／小樽市総合博物館

大手銀行の支店が集まる色内十字街。左端の三菱銀行は昭和44（1969）年7月に支店を閉鎖するが、この時点では営業中だ。

ところで色内の銀行街を指して『"北のウォール街"と呼ばれた』という決まり文句が観光案内などでもしばしば使われる。この言葉は昭和30〜40年代、小樽が斜陽といわれ始めた頃に、往時への思いを込めてマスコミが使い始めたとの説が有力だ。戦前、銀行街の全盛期にそんな言葉が存在しなかったことは間違いない。戦後になってその定型句を愛用したのは出版などの業界人や文献執筆者だけで、一般市民にそのように"呼ばれた"ことなどなかった。

◆昭和32年10月28日

◆昭和32年10月26日

【左側】中央通りと色内大通りの交差点に面して建つ〈富士銀行小樽支店〉（旧安田銀行小樽支店・昭和5年竣工）の店内。銀行としての営業は昭和44（1969）年までで、その後はレストランとして利用された。

【右側】朝の通勤時間の浅草通り。看板の一部が見えるのは〈協和銀行小樽支店〉で昭和37年まで営業した。その後〈国民金融公庫〉（当時）となる。

◆所蔵／小樽市総務部広報広聴課（2点とも）

色内の銀行街、その盛衰

明治以降、港町として発展した小樽で、商業活動の中心となったのは色内から堺町にかけての一帯だった。とりわけ色内大通りと浅草通りとの交差点周辺には大手都市銀行、商社、海運会社などの支店が集まってビジネス街区を形成していた。

戦時中は日本経済全体が停滞したものの、戦後になって小樽の復興はまずまず順調に進み始めていた。昭和22（1947）年に住友銀行、三和銀行、25年には日本勧業銀行がそれぞれ支店を開設し、小樽金融界は戦前の活況を取り戻していく。しかし昭和30年代後半に入ると海運、石炭関係の会社の小樽引き揚げが相次ぎ、金融需要は大幅に縮小。これが引き金となって大手銀行の小樽撤退が進むこととなる。背景としては北海道の経済活動が札幌への集中傾向を強めたこと、海運の太平洋ルートが主となって日本海側の位置付けが下がったこと、エネルギー転換によって石炭の産出が減り、小樽からの積み出しが大幅に減少したこと、なども上げられる。

昭和36（1961）年には"戦後進出組"の住友が、わずか10数年で撤退したのを皮切りに、44年までに計8行が続々と小樽支店をたたんだ。その後では平成14（2002）年に、日本銀行と三井銀行（撤退時は〈三井住友銀行〉）が相次いで撤退。小樽にあった都市銀行の支店は、すべてが姿を消した。

◆昭和25年頃　◆所蔵／野口家

大通りの賑わい

【写真上】中央通りを小樽駅に向かうアングルで撮っている。道路標識にSTOPの英文が記されるのは占領時代の名残か。

【写真下】現在は〈花銀通り〉と呼ばれる花園第一大通り。

◆昭和30年頃　◆所蔵／小樽商工会議所

◀丸井今井デパート前

◆昭和30年頃　◆所蔵／小樽市総合博物館

色内町〈㊏今井呉服店〉が稲穂町で新店舗を開店させたのは大正12（1923）年。昭和30年代までは全フロアーの半分程度を呉服売り場が占め、得意客で賑わったという。戦前に撮られたP45の写真と比べると、建物の姿が少し変わっていることがわかる。

▼ニューギンザ百貨店

◆昭和40年頃　◆所蔵／市立小樽図書館

現在の通称〈寿司屋通り〉に面した〈ニューギンザ〉周辺の賑わい。通行人の数の多さに驚く。画面後方、ナショナルの広告塔を載せた建物が〈大國屋〉、その手前には〈丸井今井〉があり、わずか200m足らずの間に3つのデパートが並ぶ激戦区であった。その後、ニューギンザは昭和63年、大國屋は平成5年にそれぞれ閉店。再開発計画によって建てられた新店舗に入った丸井今井も平成17年に営業を終え、稲穂町第一大通りに並んでいた3店すべてが姿を消した。

あの頃のデパート、店内風景

◆昭和45年2月22日　◆所蔵／小樽市総務部広報広聴課

かつて「デパートに行く」とはちょっと特別なことだった。家族揃って、いつもとは違ういい服を着て。ただ買物をするだけではなく、最上階の大食堂で洋食を食べ、デザートにはソフトクリームやパフェも付けて。上の写真はそんな良き時代、丸井今井の4階にあった大食堂での1シーン。

丸井今井の服地売り場。既製服が圧倒的主流となった今と違い、生地を買って自分で服を作る人が少なくなかった

◆昭和45年2月22日
◆所蔵／小樽市総務部広報広聴課

大國屋の雛人形売り場。手前の女性の手には風呂敷包み。上の食堂の写真にも風呂敷は写っており、この時代には珍しくなかったようだ

◆昭和45年2月22日　◆所蔵／小樽市総務部広報広聴課

◀〈都通り〉アーケード工事

◆昭和41年6月10日 ◆所蔵／小樽市総務部広報広聴課

古くは〈稲穂町第一大通り〉とも呼ばれた小樽屈指の目抜き通りで、駅前通りと浅草通りの間、約300mをアーケードとする工事が行われたのは昭和41年。札幌・狸小路の先例を見ながら当時としてはそれを上回る規模で、屋根は開閉式、両端の入口付近にはロードヒーティングを設けるなど先進的な機構を採り入れている。工事はこの年秋に完了した。

▼都通りの〈電気館〉

◆昭和50年末〜51年新春 ◆所蔵／堀江家

大正3（1914）年に開業し、繁華街の賑わいの中心的存在であった映画館が〈電気館〉（→P46）。昭和も後半に入ると映画は“斜陽”といわれる時代に入るが、そのなかで記録的大ヒットとなったのがこの〈ジョーズ〉だ。こうしたパニックやホラー作品に人気作が相次いだ50年代ではあったが、それも長くは続かず、電気館は57年2月15日に閉館した。

銀座街の歩行者天国

◆昭和46年4月29日　◆所蔵／小樽市総務部広報広聴課

小樽で初の歩行者天国は昭和46（1971）年春に始まった。実施区間は〈小樽銀座街〉（現在のサンモール一番街アーケード）と〈花園銀座街〉で、写真は〈丸井今井〉前の賑わいを写している。

この時からすでに40年以上。ミニスカートのお洒落な女性も、今では素敵なおばあちゃんになっているのかも……。

渋滞する国道

◆昭和41年9月30日
◆所蔵／小樽市総務部広報広聴課

稲穂町と花園町の境界、国道5号に架かる高架線。国道の拡幅が行われる以前で、道路は多数の自動車やバイクで渋滞気味だ。ほんの2年前までここは踏切だったのだから、その混雑は大変なものだっただろう。

昭和30〜40年代、"交通戦争"の時代

全国で自動車の数が急増するのは昭和30年頃からだが、40年代に入ると自家用車の急速な普及もあって、その数は一気に増え始める。それに対して歩道や信号機などハード面の整備が追いつかないうえ規制や取り締まりが不十分、ドライバーの運転技術・モラルも総じて低いなど、交通事故を引き起こす要因が山積していた。

昭和42（1967）年11月19日の北海道新聞小樽版にはその年10月に行われた交通量調査の結果が報じられている。産業会館前の国道5号で前年比8.8%増、4年前の38年との比較では27.7%増と、急増ぶりが明らかだ。交通事故発生数（市史による）では42年の545件が45年に965件と、この間の急激な増加が際立っている。標識や歩道橋の整備、学校での安全教室開催など、市でもさまざまな対策を講じるのがこの昭和40年代だ。

稲穂大通りに交わる中通り。現在と違って一方通行ではなく、路上駐車が多くて大変……

◆昭和42年1月25日
◆所蔵／小樽市総務部広報広聴課

国道5号の船見坂下。横断歩道はあっても信号がなく、大人も手を挙げて。買物カゴを提げた主婦は中央市場に向かうのか
◆昭和45年7月18日　◆所蔵／小樽市総務部広報広聴課

交通渋滞は街じゅうあちこちで……

国道5号入船十字街。国道沿いにも多数の商店が並んでいた　◆昭和48年2月8日　◆所蔵／小樽市総務部広報広聴課

▲長橋通り、暗渠化の起工式

◆昭和31年7月13日
◆所蔵／小樽市総務部広報広聴課

長橋地区を通る国道5号はもともと、色内川の流れを挟む形で造られていた。写真は、この川を暗渠《あんきょ》化して道路を拡幅する工事の起工式の模様で、撮影場所は当時の〈砂留町《すなどめちょう》〉。

色内川は赤岩山の南麓を水源とし、小樽港に注ぐ川。川によって運ばれた土砂が港内に堆積するのを防ぐため、途中に砂防池が設けられていたことから砂留の地名が生まれた。この由緒ある地名も昭和42（1967）年度の住居表示変更で〈長橋〉に組み込まれて消滅した。

富岡小学校前の通学路▼

◆昭和42年7月31日　◆所蔵／小樽市総務部広報広聴課

通学路を示す道路標識を立てている傍らを、その図柄と同じような姉弟が通る様子がほほえましい。標識の後ろに見える小さな校舎は〈富岡小学校〉。明治34（1901）年創立の〈稲穂女子尋常高等小学校〉を前身とし、戦後〈富岡中学校〉を経て昭和32（1957）年に小学校となった。すぐ隣には〈稲穂小学校〉が建つという特異な状態だったが、これは戦後の児童数急増に対応するための過渡的な策から生まれたもの。富岡小は昭和44年閉校と、わずか12年の短命だった。

▼静屋通り

◆昭和60年8月　◆所蔵／小樽市総務部広報広聴課

小樽駅に近い国道5号の1本裏手にあたる静屋《しずや》通り。明治時代に一帯の土地を所有した北海道庁長官・北垣国道の雅号〈静屋《せいおく》〉を訓読みして命名されている。昭和50年頃から個性的な喫茶店や骨董店などが集まり、地元若者文化の発信源となった。それらのなかで中心的存在だったのが、ツタの絡まる石蔵の喫茶店〈叫児楼《きょうじろう》〉だ。

▼ちびっ子天国

◆昭和46年9月8日
◆所蔵／小樽市総務部広報広聴課

自動車の急増とともに交通事故の多発が深刻な社会問題となった昭和40年代、歩行者の安全を確保するための切り札として実施されたのが歩行者天国。小樽では昭和46（1971）年春に市街中心部で導入されたが、手宮地区の錦町ではその“こども版”として、夕方の時間帯に道路を遊び場として開放する試みが行われた。さまざまな年代の子どもたちが遊び、買物カゴを提げた主婦がおしゃべりに興じる――。“昭和的”風情の漂う一枚。

色内川沿いの朝市

◆昭和33年8月18日
◆所蔵／小樽市総務部広報広聴課

現在の道道臨港線、稲北十字街付近の朝市。周辺の農家から仕入れた作物を売る露天商が集まり、近所の主婦たちが買物にやってくる。野菜を詰め込んだ竹のカゴ、かっぽう着姿の女性たち、後方には荷物を引いた馬車など、時代を感じさせる要素には事欠かない。

のどかな風情漂う光景に見えるが、路上を占有する露天商に対して警察が取り締まりを強めたり、店舗を構える一般の商店主との軋轢《あつれき》が生じたりと、露店をめぐってはさまざまな問題もあったようだ。

若松十字街の界隈

◆昭和44年7月12日
◆所蔵／小樽市総務部広報広聴課

街頭での〈交通災害共済〉受付の模様。小樽市が運営する保険制度の一種で、昭和43（1968）年に発足し、こうした街頭での受付を行って加入者獲得を図った。画面右端には〈市立小樽病院〉の建物が小さく見える。当時はこのあたりにも多くの商店があった様子がわかる。

この写真の撮影から間もない昭和44年8月、小樽市内初の生協店舗（通称〈若松スーパー〉）が、この若松十字街で開業している。

▲建て替え直前の妙見市場

◆昭和39年4月　◆所蔵／小樽市総務部広報広聴課

小樽市内にある市場の多くは終戦直後、樺太や満州から引揚げた人々が、船の着いた小樽にそのまま住み着き、生活の糧を得るために始めた露店をルーツとする。引揚者たちは寄り集まり、木箱を並べただけか、建物といってもせいぜい粗末なバラックで、漁師から仕入れた魚などを売り始めた。

　しかし戦後から数年が経って世の中の混乱が徐々に収まり、市街の整備が始まると、路上で商いをする露天商はその居場所を追われることとなる。道端の粗末なバラックから、まとまった土地を見つけて恒久的な店舗を建てる必要に迫られたのだ。

　もちろん新たな土地の確保は難題だった。於古発川《おこばち》——下流部分は妙見川とも呼ばれる——沿い、現在〈寿司屋通り〉と通称される於古発通りが国道5号と交わるあたりに集まっていた露天商たちが、土地探しに苦労した末に行き着いたのは川の上だ。流れの上に蓋をする形で建てた小屋が、新たな店舗となった。

　昭和37（1962）年8月には台風による大洪水が小樽を襲い、川の上の建物はひとたまりもなく流される。応急的に復旧したのち、39年に入って本格的な店舗の建設が決まった。上の写真はちょうどその頃、取り壊される直前の市場の様子。すでに一部の店の解体が始まっているようだが、なおも商品を求める買い物客の姿もある。画面中ほどでちらりとバスが写っているのは国道5号、遠くには〈ニューギンザ〉百貨店の建物が見える。

　同年秋に3棟のカマボコ型の建物が完成し、多くの買い物客で賑わった。しかし後年には客足の減少から2棟を解体、残る1棟も令和2（2020）年3月で営業を終えた。

川沿いに並ぶ露店のすぐ後ろを蒸気機関車が駆け抜ける、昭和30年頃の於古発通り。後ろには国道5号の踏切が見えている。この線路の高架化が完成するのは昭和39年9月、新しい妙見市場の建物の落成とほぼ同時だった

◆所蔵／小樽市総務部広報広聴課

【5】

鉄道

街は汽車とともに

明治13（1880）年、首都圏、関西に続き国内でも早い段階で、手宮発の鉄道が開通する。港と鉄道との結び付きは、小樽の街を大発展させるうえで絶大な効果をもたらす。明治から今に至るまで、鉄道とともに歩んできた街ならではの、魅力的な光景の数かず。

入船陸橋を渡る汽車

◆明治後期〜大正　◆所蔵／小樽市総合博物館

市街地を流れる入船川沿いは幅の広い谷間となっており、そこを横切る鉄道は長い陸橋によって谷をひと跨ぎする。明治13（1880）年、手宮を起点に開通した鉄道の建設にあたっては、太い木材を組み上げて長さ90ｍもの陸橋が造られた。

北海道初の鉄道開通を記念する写真は同年10月、この橋の上に機関車〈弁慶〉を停めて撮影された。先頭部に鉄道建設の指導者であるアメリカ人技師クロフォードらを乗せたその写真は、日本の鉄道史に残る1枚として今に伝えられている。

木製の陸橋は完成から5年ほど後、市街で起きた火災によって焼失。それを機に鉄橋に架け替えられ、さらに何度かの改修を経て現在に至る。写真手前に写る〈石ヶ森商店〉の、卯建《うだつ》を上げた石造りの建物は明治30年頃に建てられて今も健在だ。

鉄橋を通る車両が銀色ボディの電車になった現在でも、通りの上を列車が渡っていく光景には、この写真に近い雰囲気を感じることができる。

入船陸橋を渡る〈しづか〉号▶

◆明治18年〜20年代
◆所蔵／小樽市総合博物館

初代の木橋の跡を継ぎ、明治18（1885）年に架け替えられた２代目陸橋は、石積みの橋脚に鉄製の橋桁へと進化した。機関車は前頭部に〈６〉のナンバーを付けた〈しづか〉。この機関車は小樽市総合博物館に保存されている。

◀小樽駅、開業の頃

◆明治38〜39年
◆所蔵／市立小樽図書館

函館と小樽を結ぶ〈北海道鉄道〉は明治36（1903）年6月28日に蘭島〜小樽（当初の駅名は〈小樽中央〉）間が部分開通。現在の小樽駅の場所に停車場が開業したのは、このときだ。写真はその当時の駅を構内北側に架かる船見橋から撮っている。駅舎もホームも小さく、閑散とした印象が強い。鉄道の国有化を記念して明治40（1907）年に発行された〈北海道鉄道国有紀念写真帖〉のなかの１枚。

◀小樽ステーション

◆明治末〜大正初期
◆所蔵／小樽市総合博物館

絵はがきとして発行された写真で、撮影場所は現在の南小樽駅。切り通しの中にホームがある様子は、今のこの駅と変わっていない。絵はがきの説明文には「小樽ステーション」と記されている。この時代は今の南小樽駅が「小樽駅」を名乗っていたのだ。

▲日本郵船前を走る汽車

◆明治中期　◆所蔵／村住家

鉄道の開通当初、手宮地区では線路が既存の道路の上に敷かれていた（→P33）。機関車の横に見える洋風建築が〈日本郵船小樽支店〉。機関車はアメリカ〈ブルックス〉製、のちの〈1980〉型のようだ。

◀花園橋から見る列車

◆大正〜昭和初期　◆所蔵／小樽市総合博物館

水天宮下で鉄道線路を越える〈花園橋〉から撮影された写真。列車が通っているのは手宮線、左に分岐しているのが小樽駅に向かう函館本線。本線が単線であるのに対し、手宮線は複線だった。

ただし戦局が緊迫した昭和18（1943）年には片側のレールを供出して──取り払われた線路は、樺太での鉄道建設に使われたといわれる──単線となる。戦後になっても複線に戻されることはなかった。

この写真は平成25年、小樽市内で解体中の民家から発見された。作業に携わった建築業者が、さきに行われた〈機関車庫三号〉修復のことを聞き知っていたことから写真の重要性を認識し、博物館に持ち込んだ

▲手宮〈機関車庫一号〉

◆明治41年
◆所蔵／小樽市総合博物館

明治13（1880）年の鉄道開業当初から、手宮には機関庫や車両整備工場などが設けられ、輸送を支える拠点として機能してきた。機関車を収納する「扇形《せんけい》機関庫」は明治18年から3回に分けて順次建てられてきたが、いちばん最後に落成したのが写真の〈機関車庫一号〉だ。大きな日章旗を掲げていることから落成記念写真とみられ、撮影年は写っている機関車の来歴に照らして明治41（1908）年と推定される。

それまで手宮の機関車庫としては明治18年落成の〈三号〉、21年落成の〈二号〉があった（一〜三号の呼称は後年に付けられたもので、建造時期とは無関係。単純に左から順に番号を振ったようだ）。これらのうち三号は現存する機関車庫として国内最古で、平成21年に大規模な修復工事が行われている。真ん中の二号は昭和37（1962）年に解体。一号は写真に見られるとおり建造当初は5口だったが、昭和の初め頃までに、向かって左側部分が取り壊されて2口となった（近年に3口部分を復元して5口に戻っている）。現在〈小樽市総合博物館〉敷地内にあるこれら2つの機関庫は、国の重要文化財に指定されている。

画面手前が扇形機関庫で右から一号（2口）、二号（3口）、三号（3口）と並ぶ。一号はこの時点ですでに3口分が解体撤去され、2口のみの薄い形になっている

◆昭和前期
◆所蔵／小樽市総合博物館

▲お召列車を牽く機関車のお祓い

◆昭和29年8月　◆所蔵／潮見岡神社

戦後間もない昭和21（1946）年から「戦災復興状況視察」として精力的に全国各地を訪問していた天皇・皇后が、北海道巡幸を行ったのは昭和29（1954）年8月。全国46都道府県――当時、沖縄はまだ返還されていなかった――訪問の締めくくりだった（北海道訪問が最後になったのは、津軽海峡に機雷が残っている懸念が払拭できなかったためといわれる）。

札幌で開催された国体への臨席も含むこの巡幸は2週間におよぶ大旅行で、8月7日に函館に入った後、訪問先は道南から北見、網走、帯広、夕張、狩太（現在のニセコ）など広い範囲にわたった。このため道内を走る多数のお召列車が運転されることとなり、小樽築港機関区からは3両（うち1両は予備機）の蒸気機関車が選ばれて大役に臨んだ。写真はお召列車の運転に先だって、機関区内で行われた〈潮見岡神社〉宮司によるお祓いの儀式の模様。

このときの巡幸で天皇一行は8月7日、青函連絡船〈洞爺丸〉で北海道入りしたが、この船は翌9月26日に北海道を襲った台風による暴風で座礁・転覆。1155人の死者・行方不明者を出す大惨事となり、洞爺丸の名を悲劇の歴史に刻む結果となった。

お召列車が走る

天皇・皇后の鉄道旅行のため特別に運行される列車を〈お召列車〉と呼ぶ。その運転には秒単位の定時運行、発進・停止時の振動の少なさ、ホームの定位置に誤差数cmで停める正確さ、さらに蒸気機関車の場合は絶対に黒煙を出さない――石炭を完全燃焼させる――ことも求められ、特に選ばれたベテラン乗務員がこの重責を負った。

昭和29年の北海道巡幸に際し、小樽築港機関区からはC57 57とD51 277の2両の機関車が抜擢された（画面右端のC57 141は予備機）。このうちC57型は苫小牧、虻田、追分などへ、また貨客両用のD51型は狩太や夕張など、勾配の多い区間での運用に就いた。

もう少し後の時代になると、お召列車の運行には多くの鉄道ファンが集まるようになる。とりわけ蒸気機関車によるお召運転は、磨き込まれた機関車が美しい装飾を施されて魅力的だ。しかし昭和29年の時点では未だ趣味の世界がさほど広がっていなかったためか、北海道巡幸のお召列車が走る姿を撮影した写真はほとんど撮られていないようだ。

▲塩谷駅、朝の通勤列車

◆昭和33年3月26日　◆所蔵／小樽市総務部広報広聴課

朝の塩谷駅で小樽方面への列車を待つのは勤め人や学生、大きな荷を背負った行商人などさまざまな人々。ホームの端まで人で埋まり、客車は10両近くの長さがある。ちょうど機関車乗務員が駅員にタブレットを渡す瞬間だ。現在この区間を走る列車は2両程度の短いディーゼルカーのみで、様相は大きく変わっている。背景にはガス会社の工場、さらに後ろには塩谷丸山のたおやかな姿が見えている。

◀手宮駅の行商人

◆昭和32年10月27日

◆所蔵／小樽市総務部広報広聴課

朝の手宮駅は、近くの市場で仕入れた商品を担ぎ、列車に乗り込む行商人でごった返した。ブリキ缶に魚を詰め込んでいたことから〈ガンガン部隊〉との異名があったことはよく知られている（もっともこの写真を見る限りブリキ缶はあまり見当たらない）。

彼らの得意先は当時、景気の良かった空知地方の産炭地に多く、行商人たちのなかには片道数時間を掛けて岩見沢、美唄、夕張などへ通う者も多かったという。

◆昭和35年4月24日（花園第一大通り）

◆昭和32年7月28日（花園第二大通り）

大通りの踏切

◆撮影／星　良助（右ページ2点とも）

現在、多数の列車が行き交う函館本線の小樽～南小樽間は、もともとひと続きの路線として敷かれたものではない。明治13（1880）年に手宮～札幌方面への〈幌内鉄道〉がまず開通。その後37年に函館から倶知安、余市を経由する〈北海道鉄道〉の路線が小樽に乗り入れてきた。その開通当初、2つの路線は繋がっていなく、函館から札幌方面に向かう旅行者は、小樽市街地を徒歩や人力車などで移動して乗り継ぐ不便を強いられた。

翌38年になって両者を繋ぐ線路が完成する（↓P6・7地図）。新たに造られた接続区間は、すでに市街地としてできあがっていた街並みに割り込むように敷かれ、長さは1km足らずながら、その間に2つの大通りと交わる踏切が設けられた。

この線路が完成した明治時代にはさほど問題ではなかった踏切だが、戦後になって道路交通量が増えるにつれて、支障が目立ち始めることとなる。特に昭和30年代以降、自動車が急増すると〝開かずの踏切〟は大きな社会問題となった。抜本的な解決策となる鉄道の高架化がようやく実現するのは、昭和39（1964）年9月のことだ。

右ページ上は花園第一大通り（現在の〈花園銀座通り〉）。下は花園第二大通り（国道5号）。踏切の待ち時間は長いとみえ、車両も歩行者もかなり増えている。

〈十一山〉から望む入船陸橋

◆昭和32年11月1日　◆所蔵／小樽市総務部広報広聴課

P62と同じ入船陸橋。橋の北側（小樽駅寄り）の線路脇には〈十一山《じゅういちやま》〉と呼ばれる高台があり――明治時代に〈十一荒木〉という造り酒屋があったのが名の由来――写真はそこから撮られている。南小樽駅から入船通りにかけての一帯は繊維問屋街として知られ、画面に写る建物にもそうした関係の会社社屋が多い。

C57型蒸気機関車が牽く列車は、荷物車・客車合わせて10両あまりの大編成。鉄道が交通の主役だった時代だ。

▲鉄道高架、完成間近

◆昭和39年夏　◆所蔵／喜多英夫

前ページでふれた函館本線の小樽～南小樽駅高架化工事の様子を捉えた一枚。すでに橋本体は完成し工事の最終段階に入っている。この後、高架線が開通し、一番列車が通過するのは9月27日。

写真は旭展望台から撮影したものとみられ、画面手前には〈稲穂小学校〉の円形体育館と〝階段型〟校舎、その上方の高架線脇に映画館〈小樽東映〉、画面左には〈ニューギンザ〉百貨店と、当時の街並みの様子もよくわかる。

▼高架線の開通一番列車は9月27日15時25分に小樽駅を発車した札幌行き4両編成のディーゼルカー。線路脇には多数の報道関係者やアマチュアカメラマンが集まった

◆昭和39年9月27日
◆所蔵／小樽市総務部広報広聴課

◀函館本線の電化開業

◆昭和43年8月28日　◆所蔵／小樽市総務部広報広聴課

小樽の鉄道に関し、高架完成に次ぐ近代化の大きな節目となるのは電化だ。小樽～滝川の電化が完成したのは昭和43（1968）年8月28日（翌年9月30日、旭川まで延伸）。北海道では初の鉄道電化となることから極寒・多雪地帯に合わせた電車、電気機関車が新造され、開業までに入念な試験が繰り返された。

写真は小樽駅で行われた電化開業一番列車の出発式で、車両は新開発された赤色塗装の711系電車。長年にわたり活躍し、急行列車としての運用もあったが、平成27年3月末をもって全車が廃車となった。

三菱電機

函館本線 小樽・滝川間 電化開業
初列車出発式
間に電車が走ります
2
電化開業

▲終焉間近い、蒸気機関車の時代

◆昭和48年8月　◆撮影／佐藤圭樹

昭和43（1968）年の電化開業後も、函館本線では貨物列車を中心に、蒸気機関車が牽引する列車は残っていた。写真は小樽築港～南小樽間を走る函館行き上り急行〈ニセコ〉車内から、対向する貨物列車を撮ったもの。D51が牽引する石炭車はわずか数両の短さだ。蒸気機関車も北海道での石炭採掘も、いよいよ終焉の時が近い。線路を境界として左が新富町、右が勝納町で前方に南小樽駅が見えている。

蒸気機関車の最末期、昭和50年までの数年間は全国的な〝SLブーム〟が沸き起こり、その時代には中高生のファンも多かった。かくいう筆者もそのひとり。写真は中学1年生で単身、北海道を撮影旅行に訪れたときの1枚。

▼鉄道記念館への車両移送

◆昭和52年4月21日　◆所蔵／小樽市総務部広報広聴課

浅草通り〈日本銀行小樽支店〉前を通過する蒸気機関車は、手宮の〈北海道鉄道記念館〉での展示のために回送される車両たちだ。記念館での展示位置に合わせて逆向きで、先頭のディーゼル機関車に牽引されている。画面左がC62 3、右はC55 50、画面を外れてさらに右にはC12 6が繋がれている。

これらのうちC62 3は昭和31年から48年まで函館本線を走った国内最大の旅客用機関車で、後年に動態復元されて再びその雄姿を本線上で披露した（→P147）。C55 50とC12 6の2両は現在の〈小樽市総合博物館〉に受け継がれて今も展示されている。

◀国鉄からJRへ

◆昭和62年3月31日　◆所蔵／小樽市総務部広報広聴課

昭和62（1987）年3月31日、この日を最後に〈日本国有鉄道〉は民営化され、北海道では〈JR北海道〉が発足する。国鉄からJRへ移行する節目となった3月31日から4月1日にかけての深夜には、全国各地の駅や車両基地で記念の催しが行われた。

小樽では小樽築港機関区に、このイベントに合わせて動態復元された蒸気機関車C62 3と、新鋭のリゾート特急車両（アルファコンチネンタルエクスプレスとフラノ エクスプレス）が並べられた。これまでの国鉄時代と、新たなJR時代とを新旧の車両によって象徴する演出だ。時折吹雪模様となった深夜にも関わらず、歴史的瞬間に立ち会おうと多くの市民が詰めかけた。

でつくる 心のゆとり

【6】雪降る街

長い年月のあいだに街の姿が大きく変わっても、冬になってあたりを覆い尽くす雪だけは、１００年前も今も同じ。時に邪魔者扱いしたり、文句を言ったりしつつも、先人たちは皆、毎年必ず訪れる〝白いお客さん〟と、うまく付き合ってきた。

▲稲穂花園両町の冬時
◆明治30年代　◆所蔵／小樽市総合博物館（奥山コレクション）

写真タイトルは撮影者・奥山富作自身がアルバムに書き込んだもの。稲穂、花園の町界といえば於古発《おこばち》通り（現在の通称〈寿司屋通り〉）だ。すなわち馬橇《ばそり》のいる場所は現在でいう〈サンモール一番街〉アーケード内、かつての〈小樽グランドホテル〉前、画面奥に向かって延びる通りは〈花園銀座通り〉ということになる。

初雪の頃なのだろうか、路上の雪は未だ少なく、橇を走らせるにはぎりぎりの状態だ。手前の橇の縄がまとめられているところを見ると、すでに空荷になっているのだろう。一日の仕事を終え、帰路に着くところかと想像される。画面右端では〈御高祖頭巾《おこそずきん》〉を被った女性が、日暮れに備えて提灯を携えている。

現在の小樽市街中心部に１００年余り前は、こんな古色漂う情景があったのだ。

初冬の量徳寺坂▼

◆明治30年代　◆所蔵／小樽市総合博物館（奥山コレクション）

花園の大通りを南側に進み、緩やかな坂を下って入船通りに交わるあたり。商店などが並ぶ花園町の賑わいはすでに途絶え、街並みは静かな住宅地に変わっている。量徳寺の門は通りの角を右に曲がったところ（今と違って門は入船通りに面していた）。現在では画面右手の交差点角に〈生協南小樽店〉が建つ。

右の写真の撮影地とこの場所は、同じ通りの延長上にある。わずかに雪の積もった路面の状態や空模様が似ているところを見ると、同じときに相次いで撮影されたものかもしれない。

第一火防線を行く葬列

◆大正4年2月14日
◆所蔵／北海道新聞小樽支社

現在では〈浅草通り〉または〈日銀通り〉とも通称される大通り。古くは〈第一火防線〉と名付けられ、防火帯として広い道幅の取られた道路だ。この道を進むのは〈小樽新聞社〉社長の上田重良を弔う葬列。稲穂町の上田邸を出た葬列は堺町通りの小樽新聞社前を通ったのち、葬儀の行われる入船町・量徳寺へと向かった。葬列の豪壮さもさることながら、広い道を埋め尽くす雪の量に目を奪われる。

画面右端の建物は〈小樽郵便局〉。先代の局舎を明治37（1904）年5月の大火で失った後、40年末に新築されたものだ。画面左端には屋根にドームを掲げた〈日本銀行小樽支店〉が、今と変わらない姿を見せている。

【6】雪降る街

◀稲穂第二大通りの橇《そり》

◆大正〜昭和初期　◆所蔵／小樽市総合博物館

今ではほとんど使われなくなったが、小樽市街中心部には第一・第二・第三大通りと、平行する3つの通りに海側から順に番号を付けた呼称があった。

第一大通りは現在の稲穂大通りから〈サンモール一番街〉アーケード、〈花園銀座街〉までひと続きの道、第二はその山側、今の国道5号のルート。第三大通りは中心部からやや離れ、稲穂小学校前を通って入船方面に至る通りだ。

左の写真は第二大通りの雪景色。第一大通りが商店などの集まる繁華街だったのに対し、第二の方は特に目立った建物もなく、戦前にここで撮られた写真はきわめて少ない。

写真は現在の〈小樽産業会館〉からやや小樽駅寄りの場所で、駅方向を望むアングルで撮られている。多くの馬橇は〈魚菜市場〉に集まってきたものだろう。子どもが乗った箱形の橇も見える。この手の橇は商店の配達などで、昭和30年代まで使われていたようだ。

稲穂第一大通り、ｷ河野呉服店前▶

◆大正時代　◆所蔵／小樽市総合博物館

現在では〈サンモール一番街〉アーケードとなっている通りの入口で、画面左の建物が〈ｷ河野呉服店〉。大正6（1917）年、色内町からこの地に移転してきた店で、戦後には〈ニューギンザ〉百貨店へと発展していく。

ここでも路面の雪の多さは驚くほどで、馬橇どうしがやっとすれ違える程度に狭められている。画面手前に写る2台の橇のうち、手前に向かってくるのは幌を掛けた乗合橇。

大正時代とえばすでに市街地でバスの運行が始まっている。冬になってもある程度の積雪まではバス会社が独自に除雪を行って走らせたが、それでも追いつかなくなると運休したという。こうした路面の状況を見れば、それも容易に納得がいく。

▲中央通り（駅前通り）の除雪車　◆昭和30年頃　◆所蔵／小樽市総務部広報広聴課

市街地の道路で、機械力を用いた本格的な除雪が行われるようになるのは戦後、昭和30年頃から。写真はスノーローダーと呼ばれるベルトコンベア型車両による排雪作業の模様。周囲に見物人が集まっているのは、こうした車両がまだ珍しかったことを伺わせる。写真からもわかるように、この時代の電線は低い位置に張られていた。除雪車が電線に接触しないように注意が必要で、長い竿を使って電線を持ち上げるのは新人職員の役割だったという。

〈バンビキャラメル〉は市内の〈池田製菓〉がウォルト・ディズニーから商標権を買って昭和27（1952）年に販売を開始した商品。

◀新型除雪車の入魂式

◆昭和33年2月10日　◆所蔵／小樽市総務部広報広聴課

小樽公園の入船側にある市の車両整備工場に集まった除雪車両。新たに導入された車両を前に、神主によるお祓いが行われている。画面中央の車両は上の写真に写るものと同様、路上の雪をダンプカーの荷台に積む、当時最新鋭の「スノーローダー」。

街頭の「共用栓」からの水汲み

◆昭和29年2月　◆所蔵／小樽市総務部広報広聴課

小樽市内の水道開通は大正3（1914）年と道内でも古い歴史をもつ。しかし長らくは街頭に設けられた共用栓による給水が主体で、家庭内の蛇口から水を得られるようになるのはずっと後のことだ。大きな桶を使っての水汲みは主に家庭の主婦の仕事で、特に足場の悪い冬のあいだは重労働。写真の子どもたちも、もう少し大きくなれば水汲みを手伝わされたことだろう。

ようやく各家庭内の専用栓が普及するのは、昭和20年代後半になってから。市では専用栓の取り付けにかかる費用を月賦制にするなどして普及を進め、その結果、30年代に共用栓の利用者は大きく減った。それでもすべての共用栓が廃止されたのは昭和51（1976）年と、意外に最近のことだ。

年始の商大通り

◆昭和34年1月5日　◆撮影／川村　肇

小樽市保健所前の交差点から、小樽商科大学に向かってまっすぐ山の手方向に上がったあたり。現在では道路が拡幅されて、街並みの雰囲気はかなり変わったが、何よりこの時代には道沿いに多くの商店が並んでいたことが、今との大きな違いだ。撮影者の川村肇さんは画面右端に見える〈江戸屋精肉店〉（精肉卸売業）を営んでいた。

撮影された日は月曜日で、ちょうど年明けの仕事始めの朝の風景のようだ。この時代には通る車も少なく道路の中央に歩行者が踏み固めた跡が付いている。

札樽国道、朝里トンネル

◆昭和31年12月　◆所蔵／小樽市総務部広報広聴課

小樽〜札幌間の国道開通は昭和9（1934）年。ともに道央の主要都市であり、両都市間の鉄道はその半世紀以上も前に開通していたことを考えれば、意外なほどに遅いと思われる（小樽〜札幌の車道としては日露戦争勃発直後の明治37年に、朝里〜張碓の山中を経由する道路が開通している。海上からの艦砲射撃を避けるためあえて山奥に造られたが、そのため車馬の通行も困難で、実用的な意味はほとんどなかった）。戦前まで長距離輸送の手段はもっぱら鉄道であり、自動車の必要性は今と比べものにならないほど低かったのだ。

写真は朝里トンネルの上から札幌方面を写している。この一帯に、今ではスーパーマーケットをはじめとする大型店舗が目立ち、街の様子は大きく様変わりしている。国道も昭和の末には拡幅され、それにともなってこの写真の区間では海寄りにルートが変更されてトンネルは廃止された。

①

②

③

④

昭和50年代、街の雪景色

◆撮影／兵庫勝人　◆所蔵／小樽市総合博物館

上の4点は写真家・兵庫《ひょうご》勝人《かつんど》氏の作品。兵庫氏は昭和17（1942）年、札幌市豊平区生まれ。札幌市内に自らのスタジオを構え、プロカメラマンとして活動していた。北照高校を卒業したことから小樽に縁があり、本業のスタジオ撮影とは別に、好んで小樽市内各地を歩いて多くのスナップ写真を撮影している。

兵庫氏がとりわけ精力的に小樽を撮ったのは昭和50年代前半の数年間で、裏通り、建物、あるいは街なかの〝ちょっと変わった〟ものなどを数多くフィルムに焼き付けている。平成16年に氏が逝去した後、それらの作品は遺族から博物館に寄贈され、昭和後期の小樽の街の風景・風俗を伝える貴重な資料となっている。

❶小樽運河沿いに建つ旧〈大家倉庫《おおいえ》〉（明治24年築・現存）。運河の埋め立て・整備が行われる前で、当時のこのあたりは雑然としていた。

❷南小樽駅から入船通りへと緩やかに下る坂道。突き当たりには〈末広稲荷〉の祠《ほこら》が建つ。

❸有幌町から南小樽駅に上がる坂道。かつては山ノ上町の地名もあった。左に見える建物は旧〈小堀商店〉（昭和7年築・現存）。

❹南小樽駅の周辺、通称〈南樽《なんたる》地区〉は古くから繊維問屋街として栄えた一帯。この建物は繊維業界の活動拠点として昭和36年に竣工した〈小樽市商工会館〉。

戦後、小樽経済が低落傾向を辿るなかでも、繊維業界はしばらく好調を保っていた。しかし皮肉なことに、商工会館ができて間もない40年頃からは流通形態の変化、札幌に新しい物流拠点ができたことなどの理由から、急速に勢いを失っていく。完成当時、デラックスな建物だった商工会館は平成14年に解体された。

梁川通り、雪割り作業

◆昭和43年3月13日
◆所蔵／小樽市総務部広報広聴課

服装を見たところでは美容師だろうか、少々ぎこちない様子で重そうなツルハシを振るう若い女性。商店街で一斉に、固く凍り付いた雪を割る作業は、今でも春先によく見られる光景だ。後方には石山の姿がある。

町内除雪の日

◆昭和46年2月21日
◆所蔵／小樽市総務部広報広聴課

錦町の小路の風景。この日はブルドーザーとダンプカーが入って大がかりな除排雪が行われ、住民総出で小路の雪を運び出す作業が行われている。それにしてもバケツやたらいを使っての雪運びとは、いかにも効率が悪そうだ。少女の表情も疲れた様子に見える。

今なら手押しのスノーダンプが作業の主役となるはずだが、このときに撮られた他の写真を見ても、そうした道具は誰も使っていない。現在の雪国の必需品も、40年前にはまだ普及していなかったようだ。

ちなみに〈ママさんダンプ〉というお馴染みの名称は新潟のメーカーが商標登録したもの。男性の多くが出稼ぎに出て不在となる冬のあいだ、女性でも使いやすい軽量のプラスチック製除雪器具を、と考えられた製品だという（その原形は北海道内の国鉄保線現場で用いられた木製の除雪器具との説もある）。

▲小樽銀座街の賑わい

◆昭和43年1月21日
◆所蔵／小樽市総務部広報広聴課

現在は〈サンモール一番街〉アーケードとなる〈小樽銀座街〉の賑わい。画面左端は〈ニューギンザ〉デパート。

◀花園町、国道の横断歩道

◆昭和43年2月10日
◆所蔵／小樽市総務部広報広聴課

国道5号、現在の〈花園グリーンロード〉付近の横断歩道。

【7】

野外に遊ぶ

変化に富んだ地形をもつ小樽の街は、自然風景も意外なほど多彩だ。これを生かして古くからさまざまな行楽地が、市民の憩いの場となってきた。もちろん海も。ざぶざぶと力強く泳ぐのが、小樽っ子のたしなみだ。

▲花園公園の茶店

◆明治30年代
◆所蔵／小樽市総合博物館（奥山コレクション）

現在の小樽公園──「花園公園」とも通称される──一帯は、明治初期には櫛形山と呼ばれる丘陵地帯だった。この一帯を公園とすべきと説いたのが開拓長官・黒田清隆だ。今後の発展により過密になっていくであろう小樽の市街には、ヨーロッパの都市のような公園が必要であると黒田は考えたのだ。

そののち明治26（1893）年には道庁より「共同遊園地」用地が払い下げられ、有志の寄付をもとにした公園整備が徐々に行われていく。明治30年頃、公園内には写真のような茶店が10軒ほど作られたほか、入口付近には事務所と休憩所を兼ねた建物も設けられた。市街花園町から公園に至る道、すなわち〈花園公園通り〉が開かれたのもこの頃で、以後少しずつ公園への客足も伸びていった。

写真をよく見ると店内の棚に、飲み物のビンらしきものが並んでいるが、どんなものだったのだろうか。

▼花園公園設計図　◆所蔵／小樽市総合博物館

わが国の公園設計の先駆者といわれる長岡安平が〈小樽商業会議所〉（現・小樽商工会議所）の依頼により明治43（1910）年に完成させた設計図。図面の横幅がおよそ3mという巨大なものだ。長岡は札幌・中島公園の設計を行ったほか、小樽では花園公園と同時に手宮公園の設計も手掛けている。

この図には広大なグラウンドをはじめその右側には幾何学模様の迷路、図書館や音楽堂の予定地、茶店や飲食店など多彩な施設が描き込まれている。もっとも実際に造るには壮大過ぎたのか、公園の現状に近いのはグラウンドくらいのものだ。

▲ 公園に遊ぶ

◆明治後期〜大正　◆所蔵／村住家

明治から大正にかけて小樽公園は行楽地として親しまれるようになり、園内の風景写真を用いた絵はがきも多数発行されている。

▼ 千登勢温泉

◆大正時代　◆所蔵／小樽市総合博物館

小樽公園の入船町側に、かつてはこんな風雅な場所があった。千登勢温泉と名付けられたこの料亭では、於古発川《おこばち》の流れを堰き止めた池で舟遊びが楽しめ、館内では鯉料理や鶏鍋が名物だったという。池があったのは現在、公園駐車場になっているあたりで、温泉自体が廃業したのちも昭和30年代までは沼地として残っていた。

建築中の龍宮閣を写した貴重な写真。この時点ですでに多くの行楽客がいるのは意外だ。建築中からすでに話題を呼んでいたのかもしれない
◆昭和8年夏
◆所蔵／小樽市総合博物館

オタモイ遊園地と龍宮閣

小樽市北部、日本海を見下ろす断崖に建っていた〈龍宮閣〉は伝説的だ。海面から30ｍあまりの高さの岩山の斜面に、絵本に描かれた龍宮城のような建物が危うげに建つ姿は、存在自体が超現実的でさえあった。

建てたのは市内花園町で料理店を営む加藤秋太郎。愛知県に生まれ、いくつかの職業を経た後に東京の寿司店で修業を積み、縁あって落ち着いた小樽で〈蛇の目寿司〉と名付けた小さな寿司店を開く。江戸前の本格的な寿司が好評を博して店は大いに繁盛、これを足掛かりとして、やがて日本料理全般から中華、フランス料理まで提供する店へと規模を拡げていった。その頃、加藤はたまたまオタモイという景勝地のことを耳にする。その絶景に惚れ込んだ彼が描いたのは、断崖上に一大遊園地を築き上げる壮大なプランだった。

国有地の払い下げを受ける手続きを進め、息子には東京の自動車学校で運転免許を取らせ、と足場を固めつつ龍宮閣、弁天食堂、演芸場などの建設に着手。遊園地の中心となる龍宮閣の完成披露宴に漕ぎ着けたのは、昭和9（1934）年6月16日のことだった。

開業した遊園地は話題性十分で、当初こそは客足が絶えなかった。しかし昭和14年春に演芸場が豪雪で倒壊、翌年には弁天閣が地滑りで押し流されるという不運に見舞われる。さらに世情は軍事色に染まり、行楽など許さない風潮が遊園地の営業にとどめを刺した。加藤が情熱を注いだオタモイ遊園地は、やがて人手に渡る。負債なく撤退できたことが、彼にとって何よりの幸運だった。

戦争が終わって数年が経ち、龍宮閣はようやく営業再開に漕ぎ着ける。そして昭和27（1952）年5月。冬期の休業期間が明け、そのシーズンの客を迎える準備が進められていた。そのさなか、不慮の失火から火災が起こり、龍宮閣は全焼する。加藤の奇想天外な発想から生まれた建物は、その最期もまた劇的だった。

❶ ◆昭和初期

❷ ◆昭和52年9月22日

❸ ◆昭和53年8月26日

❶開業間もなく、賑わっていた頃の〈龍宮閣〉入口。断崖を切り拓いた通路を歩き、狭いトンネルを抜けるとこの場所に着いた　❷遊園地入口近くにあった大食堂〈弁天〉は後年まで荒廃した姿で残ったが、ついに解体　❸遊園地に至る国道近くの道路を跨ぐ形で建っていた〈唐門〉。交通の障害となったことから昭和53年、道路から離れた現在地に移設される
（❶は所蔵／小樽市総合博物館、❷❸は所蔵／小樽市総務部広報広聴課）

オタモイ遊園地の全景

◆昭和初期　◆所蔵／小樽市総合博物館

多くの建物が揃った全盛期のオタモイ遊園地。オタモイの高台には遊園地全景を俯瞰できる場所があり、そこからの眺めは航空写真のようだ

▲小樽公園、こどもの日の賑わい

◆昭和33年5月5日
◆所蔵／小樽市総務部広報広聴課

5月5日のこどもの日、行楽客で賑わう小樽公園。この時代は手近なレジャーの場として家族連れなどにもよく利用されていた。当時は休日の外出でもきちんとした身なりの人が多く、男性では背広にネクタイ、女性は和服、中高生は学校の制服といった装いが目に付く。

画面左の大きな檻は〈子供動物園〉。昭和27（1952）年に開園し、一時はエゾシカ、ヒグマ、ペンギン、アシカなどを飼育する本格的な展示内容だった時期もある。しかし施設の老朽化に加え、動物の鳴き声や臭気が近隣の住宅に迷惑を及ぼすことが問題に。昭和45年、新たにオープンした〈こどもの国〉に一部の動物展示を引き継いで、子供動物園は廃止となった。画面奥に見える観覧車は昭和32年に開業。小さいながら、なかなかの人気を誇っていた。

◀新オープンした〈こどもの国〉

◆昭和45年5月5日
◆所蔵／小樽市総務部広報広聴課

小樽公園内の子ども用施設〈子供動物園〉に替わるものとして昭和45（1970）年5月、新たに〈こどもの国〉がオープン。市が4000万円をかけた遊園地にはゴーカート、コーヒーカップ、ムーンロケットなど大型遊具が揃えられ人気を呼んだ。

〈こどもの国〉の観覧車

◆昭和45年5月5日　◆所蔵／小樽市総務部広報広聴課

昭和45（1970）年5月に開園した新しい〈こどもの国〉には、以前からあった観覧車も移設された。高さ7m、搬器の数は6つという愛らしいものだ。平成18年の営業を最後に、他の大型遊具とともに廃止された。

◀手宮公園で、お花見ジンギスカン

◆昭和48年5月10日
◆所蔵／小樽市総務部広報広聴課

満開の桜が咲きほこる手宮公園でジンギスカンを楽しむ女性グループ。今では“道民食”として定着したジンギスカンについて、その歴史はさまざまに語られる。古くはセレブな人々の楽しみだったともいわれ、一般に広く普及したのは昭和40年くらいからのようだ。

▼天狗山観光道路の開通

◆昭和31年8月
◆所蔵／小樽市総務部広報広聴課

小樽市街の背後にそびえ、古くからスキー場としても知られてきた天狗山。その山頂まで自動車道路が開通したのは昭和31（1956）年のことだ。しかしながら自家用車がまだ普及していない当時、道路を通る車は少なく、開通から数年で道は荒廃してしまったという。写真は新しい道路をPRする目的で撮られたようで、女性たちのポーズにどこか不自然さがあるのはご愛敬か……。

奥沢水源地での水遊び

◆昭和28～29年頃　◆高橋昭雄 所蔵

小樽で上水道が開通したのは大正3（1914）年。北海道内では函館、岩見沢に次ぐ早さだった。これにより家庭はもとより港の船舶への給水、さらに消防用水が確保されて都市機能は大きく進歩する。

この水道の源となったのが勝納《かつない》川を堰き止める奥沢ダムだ。ダムは山中に美しい湖水風景を生み出し、一帯は風光明媚な場所として知られることとなる。水辺には何軒かの茶屋ができて行楽客を集めた。大正5年の新聞には、その名も〈水源亭〉という茶店が行楽客を呼び込む新聞広告を出し、〈水道だんご〉を名物として宣伝している。その後も昭和40年代まで水源地一帯は、学校の遠足の行き先としてもポピュラーな場所だった（→P105）。

水源地で最も大きかった〈本家茶屋〉。かなり立派な構えだったことがわかる
◆昭和初期　◆所蔵／小樽市総合博物館

貯水池の水量が一定以上になったとき、下流に水を流すのが〈階段式溢流路《いつりゅうろ》〉。水路の途中に高さ約2mの石段10基が設けられ、各段がプールのように水を溜める構造となっている。ここに水を流すことで水勢を和らげる仕組みだ。石段を流れ落ちる水は白く糸を引くように見え、その美しい光景は〝水すだれ〟と呼ばれた。

水路に設けられたプールは、子どもたちにとってまさに格好の水泳場でもあった。写真提供者の高橋昭雄さん（昭和9年生まれ）はこの水源地近くの生まれ育ち。「水路の一番下の段が泳ぐには最適で、水は濁っていたけれどお構いなしに泳いでいた」と懐かしむ。写真ではそのとおり、最下段に多くの子どもたちが集まっている。真夏の渇水期で水量が少なく、水の流れはない。

しかし昭和40年頃に起きた事故をきっかけに、水路は立ち入り禁止となり、ここでの水遊びも過去のものとなった。近年ではダム堤体内に陥没箇所が見つかったことから、ダム廃止の決定が下され、100年近い歴史をもつ奥沢水源地は惜しまれつつも姿を消した。

▲港内での水遊び

◆明治30年代　◆所蔵／村住家

小樽港の手宮寄りの海岸で、あっけらかんと素っ裸で泳ぐ少年たちの姿が爽快。乗っている板は荷役作業の際、岸辺から舟に渡す「歩み板」のようだ。背景の桟橋の後ろにクレーンが見えるのは小樽港北防波堤工事（明治30年着工・41年竣工）のもの。

◀蘭島海水浴場

◆昭和初期　◆所蔵／小樽市総合博物館

今でも多くの行楽客を集める蘭島海水浴場。お洒落な女性たちが乗っているのは一見したところヨットかと思われるが、よく見れば古風な和船。鰊の刺網漁にでも使ったものだろうか。

祝津・目無泊の浜

◆昭和40年頃
◆所蔵／小樽市総務部広報広聴課

古くは鰊の好漁場であった祝津地域、日和山《ひよりやま》灯台の建つ高島岬の北側は目無泊《めなしどまり》と呼ばれた海岸。かつては鰊漁の拠点であり、海岸に残る大きな建物や、水辺に組み上げられた石垣はその時代の遺構だ。

現在では画面奥の入江が〈おたる水族館〉の海獣公園となり、自然の地形を生かしたプールでトドやアザラシなどの海獣が飼育されている。

日和山灯台が最初に建てられたのは明治16（1883）年にさかのぼる。この写真に写る建物は昭和28（1953）年に建てられたもの。灯台に付随して職員の住宅などが建っているが、昭和60（1985）年に灯台が無人化され、これらは撤去されている。

祝津・前浜の賑わい

◆昭和41年8月7日
◆所蔵／小樽市総務部広報広聴課

もともとは漁業の町だった祝津が観光地としての賑わいを見せるのは昭和33（1958）年、〈北海道大博覧会〉の開催がきっかけだ。小樽では第三埠頭と並んで祝津が会場となり、そこでの目玉が水族館だった（画面中央の建物）。好評を博したことから博覧会終了後も水族館は営業を継続。昭和49（1974）年には高台の新たな建物に移転して現在に至る。画面で上方に見える鰊御殿はこの博覧会に合わせ、積丹半島の泊村から移築されたもの。

▲タカクワクラブ

◆昭和31年8月4日
◆所蔵／小樽市総務部広報広聴課

〈タカクワクラブ〉とは小樽高商に水泳部を創設し、アメリカ・シカゴ大学に学んだ高桑市郎によって始められた水泳講習会。大正15（1926）年の創立以来、塩谷海岸での講習は戦時中の1回を除いて毎年、行われた。最盛期には数百人を集めたが次第に参加者数は頭打ちとなり、平成19年夏、80回目を最後に幕を閉じた。

▶熊碓海水浴場

◆昭和36年7月9日
◆所蔵／小樽市総務部広報広聴課

現在は〈東小樽海水浴場〉として知られる海岸。一帯の地名はもともと「熊碓《くまうす》村」といい、昭和の初めに行われた大規模な土地開発事業にともなって「桜町」の名が生まれた。それでも海水浴場の通称としては熊碓の名がよく使われている。現在では大部分が丸石の海岸だがこの写真では砂浜が多く、雰囲気がかなり違って見える。

◀蘭島駅の海水浴客

◆昭和34年7月26日　◆撮影／星　良助

海水浴場に向かうため蘭島駅に降り立った人、人、人……。自動車が普及する以前、駅から歩いて行ける海水浴場は人気が高く、シーズン中には多くの臨時列車が増発されたという。海のない空知地方などからはるばるやって来る人も多かったという。

蘭島駅の開業は明治36（1903）年6月で、蘭島海水浴場はその年の8月に早くも営業を始めている。古くから鉄道との結び付きが強い海水浴場だった。

【8】

学校

あの学舎《まなびや》の記憶

どんな世代の人にとっても、家庭と並んで思い出の多い場所が「学校」に違いない。木造校舎、石炭ストーブにおかっぱ頭、木の机……。なつかしさを誘う多様なシーンが、写真のなかにぎっしりと。

▲色内尋常小学校

◆明治末期～大正
◆所蔵／小樽市総合博物館

尖った屋根をもつ木造校舎が堂々たる威容を見せる。画面右端に見える小さな建物は「奉安殿《ほうあんでん》」のようだ。その中には教育勅語と天皇・皇后の肖像写真（御真影）が納められている。戦前の小学校にはほぼ例外なくあった。

▼庁立小樽高女

◆明治末期～大正
◆所蔵／小樽市総合博物館

花園公園下に〈庁立小樽高等女学校〉が開校したのは明治39（1906）年。戦後は〈小樽桜陽高校〉となり昭和27（1952）年に校舎を長橋の現在地に移転、跡地には〈菁園《せいえん》中学校〉が開校した（当初の名称は〈堺中学校〉）。

▲桜小学校の給食

◆昭和33年1月24日
◆所蔵／小樽市総務部広報広聴課

小樽市で学校給食が始まったのは昭和22（1947）年。戦後の混乱と物資不足が続くなか、最低限の食事を提供することが目的だった。それから10年を経たこの時代でも、給食の内容はパンと牛乳だけというごく質素なもの。パンを主食とし、おかずも付けた「完全給食」が、市内すべての学校で導入されるのは昭和39（1964）年のことだ。

◀ストーブを囲んで

◆昭和33年11月12日
◆所蔵／小樽市総務部広報広聴課

冬を迎えて石炭ストーブを焚き始めた時期、〈花園小学校〉の教室。学校の暖房は昭和40年代まで石炭が主流だった。先生が手にしている火掻き棒には「デレッキ」の名があったが、今ではもう死語だろうか。

首から頭にぐるりと包帯を巻いている子がいる。昔は風邪で喉が痛いとき、あるいは歯が痛くてもこんな処置を施されたものだ。

▲塩谷小学校「名前のけいこ」

◆昭和32年頃
◆撮影／白石孝一　◆所蔵／小樽市総合博物館

横の黒板に「にゅうがく おめでとう」と書かれていることから、新一年生の教室のようだ。２人掛けの木製の机、椅子も今となってはなつかしい。

撮影したのは当時、塩谷小学校教諭だった白石孝一氏（故人）。趣味であった写真の腕を生かし、授業風景や遠足、運動会などの学校行事を撮影した多数の作品を遺している。それらの写真をまとめたアルバムは後年、遺族より小樽市総合博物館に寄贈された。

▲花園小学校、音楽の授業

◆昭和47年4月9日
◆所蔵／小樽市総務部広報広聴課

左ページ上と同じ花園小学校の15年後の授業風景。校舎はまだ建て替えられていないが、机・椅子は新しいスチール製となっている。手前の女の子の筆箱には「百恵ちゃん」のシールが……。

学校教育の現場では昭和40年頃から、教室の老朽化とともに机・椅子に関する問題が取り沙汰されるようになる。こちらは単に古いだけでなく、児童・生徒の体格に合わない、姿勢を悪くする原因になる、という悩みが大きく、各学校では机の脚の下に金具を取り付けて高さを上げるなどの対策でしのいでいた。

こうした状況に対する市の対応は早く、昭和48年度までに市内の全小学校25校の机・椅子1万5000組が更新された。校舎の建て替えがなかなか進まず、学校間で新旧校舎の格差も大きいなか、せめて机・椅子だけでも……との考えがあったようだ。

▲花園小学校、“声の交歓”

◆昭和32年2月22日
◆所蔵／小樽市総務部広報広聴課

当時としては最新鋭のテープレコーダーを使い、花園小と豊倉小のあいだでテープをやりとりする“声の交歓”が行われた。それぞれに器楽演奏やメッセージを録音し、交流を深めようとの催しだ。写真のようなオープンリールのレコーダーは日本では昭和25（1950）年、創業まもないソニー（当時は〈東京通信工業〉）が最初に発売した。

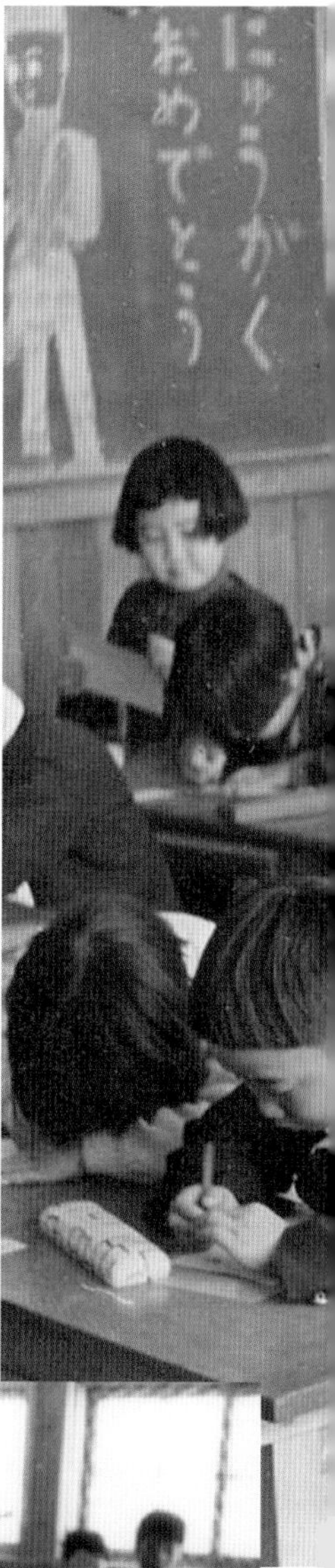

▲塩谷小学校、運動会

◆昭和32年　◆撮影／白石孝一
◆所蔵／小樽市総合博物館

P100と同じく白石孝一氏の撮影。運動着はなく平服のまま、裸足の子もいる。運動足袋というものもあった。この年、塩谷小の運動会は校舎改築のため、塩谷中の校庭で行われている。

◀〝サイクリング道路〟

◆昭和52年6月29日　◆所蔵／小樽市総務部広報広聴課

天神から真栄《まさかえ》までの高台を通る市道に地元では〝サイクリング道路〟の通称がある。名前の起こりは昭和46（1971）年夏、この道を小中学生向けサイクリングコースとして開放したことによる。開設当初は大部分の道路が未舗装で走りにくそうだったが、その後、写真のように道路の片側だけが舗装されて自転車通行帯となった。

◀緑町第一大通り、朝の通学風景

◆昭和42年3月18日　◆所蔵／小樽市総務部広報広聴課

春先の緑町第一大通り。横断歩道を左から右に渡るのは〈緑小学校〉と〈菁園中学校〉の児童生徒たち。その反対に向かうのは〈北照高校〉の生徒だ。北照は昭和55（1980）年まで緑町に校舎を構えていた。この大通り沿いの商店は今では数少なくなっているが、この時代には商店街の賑わいがまだあった。

▼通学路の〈スクールゾーン〉

◆昭和47年6月9日
◆所蔵／小樽市総務部広報広聴課

花園小学校付近の朝の通学風景。学校周辺の道路を通学時間帯に限って車両通行止めとする〈スクールゾーン〉がこの年から実施され、市内では稲穂、花園、緑の各小学校周辺がモデル地域となった。

昭和中期の写真を見ていくと、40年代中頃を境に小学生の服装がにわかにファッショナブルになったように見受けられる。ミニスカートやホットパンツにハイソックスというのが女子のスタイルとしてポピュラーに。男子ではそれまでの学帽に替わって野球帽が急速に広まった。

旭展望台からの展望

◆昭和32年5月8日
◆所蔵／小樽市総務部広報広聴課

小樽市街地を見渡す手軽な景勝地、旭展望台。小学校の遠足の行き先としてもよく使われていて、写真は堺小学校の子どもたちを写している。展望台のあずまやが造られたのは昭和30年頃で、今よりも周辺の樹木が少なく、見晴らしはずっといい。

かつて小樽でも市街地周辺の山林はことごとく伐採され、保護された公園以外の木はほとんど育っていなかった。戦後になっても植生の回復には時間がかかり、昭和32（1957）年に撮られたこの写真では市街一円の眺めが広く写し込まれている。

画面左端に見える展望台の足元一帯は、現在では〈富岡ニュータウン〉となって住宅が建ち並ぶところ。この時代には起伏に富んだ地形で、段々畑も見られる。

奥沢水源地の炊事遠足

◆昭和33年10月30日
◆所蔵／小樽市総務部広報広聴課

勝納川上流の〈奥沢水源地〉（→P93）はかつて小中学校の炊事遠足の行き先としてよく利用されていた。写真で背後に見えるのが階段式溢流路を流れ下る〝水すだれ〟。男子生徒が水に入って遊んでいるが、後年には立ち入りが禁止されることとなる。

◀平磯公園への遠足

◆昭和32年8月30日
◆所蔵／小樽市総務部広報広聴課

平磯公園へ向かう遠足の一行（学校名は不明）。若竹町と桜の境界あたりで、現在は傾斜地にも住宅が建て込んでいるが、写真からはのどかな山村といった風情が感じられる。平磯公園は小樽港を見下ろす展望地で、戦時中には高射砲の基地として使われた時期もあるという。

石山中学校の卒業式

◆昭和33年3月16日
◆所蔵／小樽市総務部広報広聴課

〈石山中学校〉に2棟の円形建物から成るユニークな校舎が誕生したのは昭和32（1957）年10月。前年5月〈色内小学校〉を火元とする大火で色内小、石山中はともに校舎を焼失、その後に建てられたのがこの校舎だ。円形の建物内にケーキを切り分けるように教室を配置し、中心に螺旋階段を置く設計は教室の採光に優れ、狭い土地を生かせ、建築コストも低いといったメリットがあった。昭和30年代を中心に全国で建築が相次いだが、石山中のように二連のものは珍しい。平成14年の閉校後も建物は現存する。

街頭での高校入試合格発表▶

◆昭和32年3月27日　◆所蔵／小樽市総務部広報広聴課

公園通りにあった〈北海タイムス〉支社前の掲示板に集まる中学生たち。掲示には〈緑陵高校〉〈千秋高校〉と、昔を知る人にはなつかしい名が読める。それぞれ〈小樽商業高校〉〈小樽工業高校〉が昭和25（1950）年から40年代初頭まで用いた校名で、生徒数増加への対策として、両校とも普通科を設置したことによる改名だった。

昭和32年度、小樽市内中学生の高校進学率は64％。昭和30年代には中学卒業者、高校進学希望者とも増加傾向にあり、受験戦争が激しさを増す。進学を希望しても高校に入れない生徒も多かった。

▲若竹小学校の入学式

◆昭和43年4月6日
◆所蔵／小樽市総務部広報広聴課

平成25（2013）年に閉校した〈若竹小学校〉の入学式。高台に位置するこの学校の正門からは港方面が見渡せる。写真には築港地区の海上にせり出した石炭積み出し施設が見えている。これらは昭和45（1970）年で廃止され、現在のこの場所からは〈ウイングベイ小樽〉の大きな建物が目立つようになった。

▼緑小学校の入学式　◆昭和45年4月6日　◆所蔵／小樽市総務部広報広聴課

緑小学校ではこの頃に校舎、体育館の全面改築を進めていて教室は真新しい。母親の大多数が黒羽織姿というのが、この時代の礼服の流行を示している。

旧校舎とのお別れ式

◆昭和53年5月27日
◆所蔵／小樽市総務部広報広聴課

長橋小学校で行われた旧校舎とのお別れ式。戦前に建てられた老朽校舎の問題は、昭和40年代からしばしば新聞にも取り上げられるようになる。長橋小では53年になってようやく、校舎全面改築が着工へ。お別れ式では児童代表が、校舎入り口に掲げられた校名の文字を、梯子に上って取り外すセレモニーが行われた。

昭和45年撮影　空から見た市内の小中学校

昭和45（1970）年、小樽市内計19の小中学校で、飛行機による空からの記念撮影が行われた。小樽市内では40年代の終わり頃から校舎の建て替えが進んだため、このときに撮られた航空写真が多くの旧校舎の姿を記録する結果となった。ここに掲載する19校のうち写真に写る校舎が現存するのは、旧堺小学校と旧北山中学校の2校のみだ。

撮影にあたって人文字で校名を描くなど工夫しているところも多い（左の豊倉小学校が文字の向きを間違えて「トエクラ」になってしまっているのは愛嬌…）。

◆所蔵／小樽市総合博物館（全点とも）

豊倉小学校

若竹小学校

朝里小学校

張碓小学校

最上小学校

入船小学校

奥沢小学校

◀北山中、新校舎への引越

◆昭和33年12月4日
◆所蔵／小樽市総務部広報広聴課

昭和22（1947）年に開校した〈北山中学校〉は当初、〈北手宮小学校〉――昭和22～34年の間は閉校――の校舎を受け継いで使用していた。〝自前〟の校舎が落成したのがこのときで、生徒たちは各自が自分の机を担ぎ、1km近い距離を徒歩で引っ越しした。それぞれに担ぎ方を工夫して、昔の子どもたちはなかなかタフだったようだ。

長橋小学校

量徳小学校

堺小学校

北手宮小学校

高島小学校

祝津小学校

西陵中学校

桜町中学校

朝里中学校

北山中学校

松ヶ枝中学校

向陽中学校

明治開学の歴史を刻んだ、小樽商大キャンパス

明治39（1906）年、時の文部省はそれまで国内に4つあった国立商業学校に加え、新たな1校を創設する方針を打ち出した。これを受け、かねてから地元の商業学校設置を求めていた小樽は早速、誘致活動に乗り出した。

小樽以外では函館、仙台が候補地となっていた。そこで小樽は政治力を使って政府への働きかけを強めたほか、学校用地の無償提供、校舎建設費の一部負担といった条件を提示して誘致競争を有利に進める。対する政府は、建設費用37万円のうち20万円を地元が負担するならばと〝逆提案〟。これを受け入れることによって〈第五高商〉――当時はこう呼ばれていた――の小樽開校を決定付けた。

学校の建設工事は明治41年に始まり、開校は44年4月と予定されていた。しかし初代校長・渡邊龍聖が着任したのはその年の2月20日。教授陣も選任されていない状態だった。渡邊は文部省に対し開校を1年延期するよう申し入れたが認められず、予定より1ヶ月遅れた5月5日の開校に漕ぎ着けた。

下の写真で門の中にちらりと見える大学本館は小樽高商開校の前年、明治43年に竣工した。美しい建物だったが昭和48年に取り壊された。
◆昭和30年頃 ◆所蔵／小樽商工会議所（2点とも）

▼商大対北大、応援団の対面式

◆昭和35年5月28日
◆所蔵／小樽市総務部広報広聴課

北大との体育会対抗試合に先だって行われる両校応援団の対面式は大正時代に始まったとされ、毎年初夏の恒例行事として広く知られている。商大は「白豚」、対する北大は「山猿」とそれぞれの相手を呼ばわり、語気荒く罵倒しつつもユーモアに富んだ挑戦状を読み上げる。

団長はぼろぼろの羽織袴、高下駄に長髪、髭面というバンカラ丸出しの出で立ちだ。もっともこのスタイルは昭和30年頃に“復古調”として採り入れられたらしく、戦前は学生服のすっきりした出で立ちだったというのが意外だ。

小樽での対面式は於古発《おこばち》通り（現在の通称「寿司屋通り」）、〈ニューギンザ〉デパート前で行われるのが習いだった。写真には大勢の見物人に交じって報道カメラマンのほか、ラジオ中継のマイクを構えるスタッフの姿も見られる。

【9】

小樽運河

今では観光スポットとして多くの旅行者を集める場所。かつては多数の艀が行き交い、港湾荷役に重要な役割を果たした。一般的な「水路としての運河」とは性格を異にし、その誕生時にも、実用的機能を失った晩年にも、大きな論争の種になったのがこの小樽運河だった。

◆多難を極めた、建造に至る道のり

一般に「運河」というと「水運や灌漑《かんがい》のために陸地を切り拓いて造った水路」のことを指す。しかし小樽運河はそれとは違う設計思想で造られている。海を埋め立てる際に一部を水路として残す「埋め立て式」によって造られた珍しいタイプの運河である。まずは貨物用の倉庫を建てるための埋め立て地が必要であり、それに付随して設けられた荷運びのための水路が「運河」となった、というわけだ。

完成した埋め立て地には多数の倉庫が建てられ、船から、あるいは船へ運ばれる貨物の収容に威力を発揮する。沖合に停泊した船と倉庫の間を艀《はしけ》が行き交い、多くの労働者が昼夜を問わず荷役作業を続けた。

しかし埋め立てにあたってこの〝運河方式〟を採用するまでには紆余曲折があった。沖に船を停めた艀荷役を前提とする運河方式に対し、直接船を横付けできる〝埠頭方式〟を推す意見も強く、いずれかをめぐって激しい論争が起こる。ようやく運河方式の採用が決まり、着工に漕ぎ着けたときには、港の修築計画が持ち上がってから実に20年近くの年月が経っていた。

◀運河建造工事

◆大正時代初期
◆所蔵／小樽市総合博物館

蒸気機関を用いた浚渫《しゅんせつ》機で海底の土砂をすくい上げ、それを埋め立てに使った。このほか手宮地区「石山」を開削した土砂も投入された。

運河建造工事の始まり　◆大正3年頃　◆所蔵／市立小樽図書館

大正3年、埋め立て工事が始まった頃。海中に石垣が組まれ、徐々に土地ができていく。工事は4つの工区に分けて北側（手宮側）から始まった。全区間の完工は大正12年12月27日

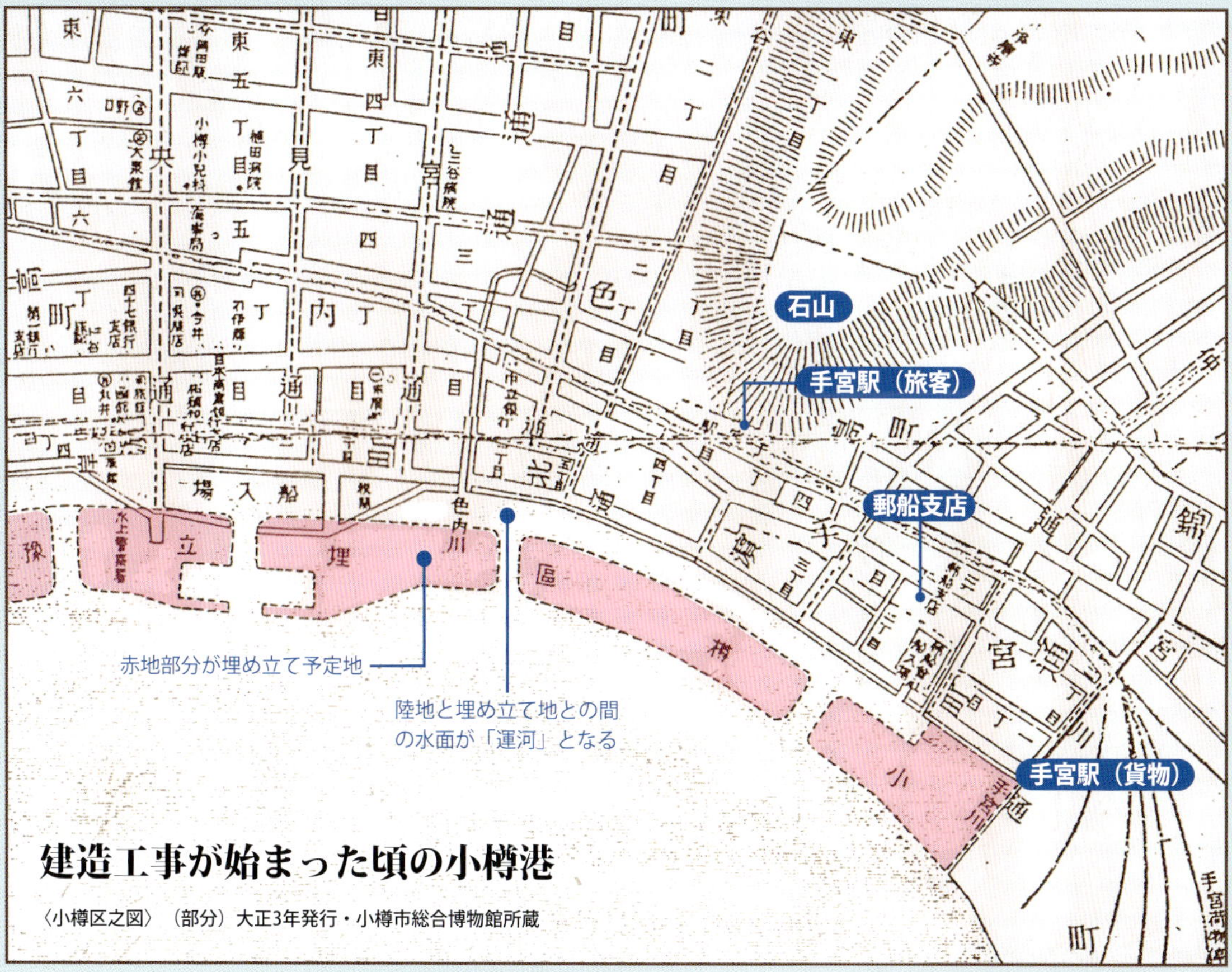

建造工事が始まった頃の小樽港

〈小樽区之図〉（部分）大正3年発行・小樽市総合博物館所蔵

▲埋め立て地で博覧会

◆大正7年
◆所蔵／小樽市総合博物館

小樽運河の完工は公的に大正12（1923）年12月27日となっている。これはすべての工事が完了した日であり、実際には埋め立てが完了した部分から順次、土地の利用が始まっていた。大正7（1918）年8月には、できて間もない第2工区埋め立て地を会場として〈開道五十年記念北海道博覧会〉が開かれている。

◀石山から港を望む

◆大正時代末期　◆所蔵／小樽市総合博物館

画面では運河の水面がほとんど見えないが、海側最前列の建物は新しい埋め立て地に建つもの。画面中央のやや右寄りでは〈北海製罐〉第三工場（左ページ上の写真）の建設が進行中だ。

足元には手宮線の手宮駅（旅客専用駅）が見える。この駅は本来の手宮駅が石炭積み出し量の増加にともない手狭になったことから貨客を分離するため、大正元（1912）年に設けられた。

▲〈北海製罐倉庫〉工場　　◆昭和初期　◆所蔵／小樽市総合博物館

現在も運河沿いに大きな社屋、工場を構える〈北海製罐〉が小樽に進出したのは大正10（1921）年。当時函館にあった〈日魯漁業〉の製罐部門が工場を焼失したのを機に、再建工場を小樽に誘致したことによる。最初の社屋・工場が建てられたのは大正7年に博覧会場となった第二区埋め立て地だった。しかしこの土地は倉庫用地だったことから、工場の進出に対して異議が出る。そこで製品の缶を収容する倉庫も建設するという解釈から、社名を〈北海製罐倉庫〉として問題を解決した経緯がある。

写真の建物は、その後の大正13（1924）年に竣工した第三倉庫。運河に停泊した艀に製品を積むためのシューターを備えている。現在の建物は100年近くを経て老朽化が進み、存続が危ぶまれる。

運河全盛の時代

◆昭和初期
◆所蔵／小樽市総合博物館

運河に架かる中央橋から北側（手宮方面）を望む。水際に繋がれた大きな艀《はしけ》に荷を積み込むのは、もっぱら人間の体力が頼りの作業だ。

倉庫から重い荷を担ぎ出し、不安定な歩み板を通って艀に積み込む過酷な仕事に携わった労働者のなかには米俵2俵、100kgを超える荷を担ぐ力自慢がいた、男勝りの女性もいた、といった話が伝説的に語られる。

艀に運ばれた荷は整然と積み上げられる。多数の荷を効率的に運ぶためにも、海上で荷崩れの危険を防ぐためにも、ていねいさが必要とされた。

◆　◆

画面左端の倉庫――屋根に掲げられたシャチホコが見える――は現在〈小樽市総合博物館運河館〉として使われている建物。明治26（1893）年、加賀の北前船主によって建てられたもので、小樽で多数建てられた石造倉庫のなかでも最も古い部類に入る。画面中央付近では〈北海製罐第三倉庫〉の大きな建物が目立っている。

◀中央橋のあたり

◆昭和初期
◆所蔵／小樽市総合博物館

運河の南端に近い浅草橋から北側を写している。中ほどに見える橋が中央橋で、現在ではこのあたりが最も観光客で賑わう一帯だ。山側から延びている尾根が「石山」と呼ばれる文字どおり岩がちな山。運河建造工事にあたっては、ここから掘り出した土砂も海面の埋め立てに使われた。

現在では運河観光の中心となる中央橋から浅草橋にかけても、ヘドロが溜まり沈船が放置される無残な姿となっていた　◆昭和50年頃　◆撮影／紅露雅之

竜宮橋の手宮寄り、現在では北運河と呼ばれるあたり。倉庫街はさびれ、人の気配も乏しい　◆昭和50年頃　◆所蔵／小樽市総合博物館（撮影／兵庫勝人）

晩年の小樽運河

――用途を失い荒廃の進んだ昭和後期の時代――

大正末の完成から昭和前期までは本来の目的を発揮した運河だが、着工前の論争でも指摘されたとおり港湾荷役の効率では、埠頭方式が有利であることは明らかだった。昭和7（1932）年に堺町埠頭が完成したのを皮切りに、港内には次々に埠頭が造られていった。

戦後、昭和30年代に入ると、小樽港の位置付け自体が低下して〝斜陽〟といわれる時代へ。40年頃までに小樽運河は実用的な機能をほぼ停止する。全長1300mの水路は文字どおり無用の長物と化していた。当時の下水処理が不十分だったこともあり、排水の流れ込む運河にはヘドロが溜まり、夏になると異臭が立ちこめていた。

沈む廃船

末期の運河には放置されたまま朽ち果てた船が、何隻も沈んでいた。
所有者不明のため、撤去も簡単には進められなかった
◆昭和51年5月21日　◆所蔵／小樽市総務部広報広聴課

小樽運河の再生

保存運動から観光地化へ

昭和40年代、荒廃の進んだ運河は新たな局面を迎える。運河を埋め立てて自動車道路を造る計画が生まれたのだ。モータリゼーションの時代を迎え、小樽市街を縦貫する国道5号の交通量はすでに限界に近付いていた。しかし密集した街並みのなかを通る国道の拡幅は容易でない。そこで浮上したのが、市街地の端を通り抜ける運河を埋め立てて、道路用地とする案だった。

市議会での議決、国の認可を経て道道小樽臨港線の都市計画が決定したのは昭和41（1966）年8月。その後の事業認可を受けて用地買収が進み、48年頃には有幌地区の石造り倉庫の取り壊しが始まった。市民のあいだで運河や周辺の街並みが失われるとの危機感がようやく生まれたのは、この頃だ。

昭和48年の年末。市民有志が集まって〈小樽運河を守る会〉が結成された。すでに道路は運河の目前に迫る段階で、わずか25人ばかりのメンバーによる運動の多難なスタートだった。

【写真右上】運河埋め立てに向けた杭打ちから約1年、工事は順調に進捗し、運河の山側（画面左）に道路用地ができつつある
◆昭和59年10月29日　◆所蔵／小樽市総務部広報広聴課

【写真右】半分の幅に埋め立てると同時に、運河沿いには遊歩道が設けられた。完工のおよそ半年前の工事の様子。運河の水面には資材を積んだ艀が浮かぶ。かつて運河を行き交った艀が実用的な用途で使われたのはおそらくこれが最後だったに違いない
◆昭和60年10月29日　◆所蔵／小樽市総務部広報広聴課

▲遊歩道完成の祝賀パレード

◆昭和61年5月8日
◆所蔵／小樽市総務部広報広聴課

昭和61（1986）年5月8日、道道臨港線の運河部分が開通。テープカットに続き、運河沿いの遊歩道で高校のブラスバンドに先導された記念のパレードが行われた。

最終的に小樽運河は、全長のうち南側のおよそ半分の区間において、本来の幅40mが20mに埋め立てられた。それによって道路用地をつくり出すとともに、残された運河の水辺を遊歩道として整備するこの案は、自動車交通と運河の保全を両立させる優れた都市空間設計だった。

遊歩道は平行する自動車道路から一段低い位置に設けて騒音の影響を減らすとともに、歩行者の視界に自動車が入ることを避け、なおかつ親水性を高めるという配慮がなされていた。路面・壁面に石材を多用し、街灯にガス灯を用いるなど、公園としての情緒も重視している。

昭和48（1973）年〈小樽運河を守る会〉の発足に始まった運河保存運動はその後、全国的な関心を集めて勢い付いたかに見えた。しかし集まった支持のなかには〝反体制的〟あるいは〝歴史的文化を守る〟といった当時のブームに乗ったものも少なくはなかった。

58（1983）年11月には運河での杭打ちが着工。その後も反対運動は続いたが、決定打の出ない間に工事は着々と進行する。10年に及んだ運動はやがて終息に向かった。

埋め立てに伴う周辺整備を機に、小樽運河の知名度はにわかに高まり、観光客はそれまでの3倍以上に急増する。小樽が「観光地」となるのは事実上ここからだ。

運河保存運動は「歴史の街、小樽」を市民に認識させることとなった。古い石蔵などを観光施設に再生する動きが広がるのも、一連の運動を契機とするところが大きい。

【10】まつりと行事

伝統的な神社の祭りに港まつり、潮まつり。そして小樽での博覧会の開催は大正以来、計5回にも及ぶ。さまざまな催しに盛り上がる街の姿を捉えた写真は、数多く残されている。

▲明治の住吉祭

毎年7月14〜16日に行われる住吉神社の例大祭は〈小樽祭り〉とも呼ばれ、名実ともに街を代表する夏の一大行事だ。

現在地で神社の造営が完成したのは明治32（1899）年で、写真はそれからまもない頃の様子を写している。参道入口に建つ大鳥居もこの年に建てられたもので、現存する。

その石柱には向かって右に廣海二三郎、左に大家七平と、ともに加賀瀬越村の北前船主である寄進者の名が刻まれている。二三郎は大家家から養子に入っており、鳥居に名を刻まれた2人は、姓は違うが実の兄弟である。

参道の造りは今と変わっていないが、未だ樹木が育っていないために閑散とした印象がある。

◆明治30年代　◆所蔵／小樽市総合博物館（奥山コレクション）

▲水天宮祭の〈手古舞〉

手前の女性たちは芸者衆で〈手古舞《てこまい》〉の装束で賑やかに歩いている。手古舞とは江戸の祭りで鳶《とび》職が神輿《みこし》や山車《だし》を警護・先導したことに由来するとされるもので、のちに女性、特に芸者がこの役目を務める習慣が広まったらしい。場所は花園第一大通り（現在の〈花園銀座通り〉）、このあたりから道は量徳寺方面に向かって緩やかに下っていく。

山車には〈北斗見番《けんばん》〉の文字が読める。「見番」とは芸者の派遣業者のことで、「北斗」は大正7（1918）年、「色内」「末広」の両見番が合併してできた大手だった。大正時代の小樽では街の発展とともに商談、接待の場として料亭も活況を見せ、市内には400人以上の芸者がいたという。

◆大正後期〜昭和初期　◆所蔵／小樽市総合博物館

住吉祭の少年たち▼

◆大正～昭和初期
◆所蔵／小樽市総合博物館

住吉神社の例大祭。戦前までの神輿《みこし》渡御《とぎょ》（神輿が神社を出て市中を巡ること）は、山車や神輿が何隊かに分かれ、途中〈御旅所《おたびしょ》〉で1泊して翌日神社に戻るという大がかりなものだった。2枚の写真には立派な造りの牛車や大太鼓が写り、歩く人々の装束も華やかだ。下の写真に写る少年たちは、今でいえば中学・高校生くらいの若さだろうか。印半纏《しるしばんてん》を着込んだ姿を見ると、商家の奉公人のようだ。

写真はどちらも富岡町〈小樽警察署〉前の通りで撮られている。下の写真で背後に見える石垣は、現在〈コープさっぽろ　みどり店〉が建つ場所、左の写真の背景は遠藤又兵衛の屋敷で〈立正佼正会〉の施設として現存する。

龍宮神社例大祭の猿田彦

◆昭和34年6月21日
◆所蔵／小樽市総務部広報広聴課

毎年6月20～22日の3日間行われる龍宮神社の例大祭。天狗の面をかぶっているのは〈猿田彦〉だ。古事記や日本書紀にも登場する神で、神社の神輿《みこし》渡御《とぎょ》では大切な役どころのひとつとなる。撮影場所は龍宮通りで、この時代には商店や旅館などが多数並んでいた。

高島稲荷神社のお祭り

◆昭和30年頃
◆所蔵／市立小樽図書館

高島の街の高台に建つ〈高島稲荷神社〉は元禄3（1690）年創建と伝えられる古い歴史をもつ。寛文7（1667）年には近江商人の西川家が漁場経営に携わっており、神社の起こりはその時代のことのようだ。

◀手宮・錦町の子ども神輿（昭和52年6月10日）

◀入船町子ども盆踊り（昭和50年8月）

市内各地、お祭りの光景

◆所蔵／小樽市総務部広報広聴課（このページ5点とも）

昭和50年代、市内各地で行われた子ども神輿や盆踊りの様子。右ページの写真のようにこうした行事は昔からあるが、昭和50年代に再び盛り返したのか、この時代に市内各地で撮られた写真は多数残っている。

◀水天宮祭（昭和51年6月15日）

◀東雲子ども会みこし（昭和56年6月15日）

◀東石山町会子どもやっこ行列（昭和53年7月15日）

昭和10年〈港祭〉

◆昭和10年　◆所蔵／小樽市総合博物館

昭和10年の「港祭《みなとまつり》」は小樽港第一埠頭の起工式を祝って行われたイベントだ。小樽港で初の本格的な埠頭の誕生に寄せる地元の期待は高く、当日の模様を報じる新聞記事には「歴史的な起工式」「約束される港小樽の飛躍」といった威勢のいい文言が並ぶ。

写真は浅草通りに現存する旧〈第一銀行小樽支店〉（大正13年竣工）前。この頃は建物の玄関に壮麗な彫刻が施されていた。

〈港まつり〉パレード

◆昭和32年7月13日
◆所蔵／小樽市総務部広報広聴課

戦後になると昭和25（1950）年の〈港まつり〉を皮切りに、夏の恒例行事を定期開催する流れができあがる。名称はその後〈みなと小樽商工観光まつり〉（昭和34〜41年）、〈おたる潮まつり〉（昭和42年〜）と変遷して現在に至る。写真は第8回港まつりのパレードを花園銀座通りで撮ったもの。先頭を行くトラックの荷台では、安達輿五郎市長と〈ミス港まつり〉が笑顔を振りまく。

商工観光まつりの七夕飾り

◆昭和34年8月1日
◆所蔵／小樽市総務部広報広聴課

稲穂第一大通り（銀座街）の七夕飾りは、この日が初日となる〈第1回みなと小樽商工観光まつり〉に合わせたもの。このまつりは名前のとおり、小樽の商圏拡張と観光振興をめざすという商業色の強いものであり、色内小学校を会場とした商品見本市がイベントのメインとなっていた。まつりは昭和41（1966）年まで8回行われ、以後は〈おたる潮まつり〉へと引き継がれていく。

さくらパレード

◆昭和35年5月3日
◆所蔵／小樽市総務部広報広聴課

昭和28（1953）年に始まった〈小樽さくらまつり〉の出し物のひとつ、〈さくらパレード〉。写真は映画館の宣伝馬車で、左側の日活の車は公開間近の石原裕次郎主演映画〈青年の樹〉をPRしている。撮影場所は公園通りを上り詰めて小樽公園に入る手前。坂が急になるところで馬にはきついと見え、ジグザグに進路を取っている。

花園銀座街の山車

◆昭和32年7月13日
◆所蔵／小樽市総務部広報広聴課

芸者を乗せた〈港まつり〉パレードの山車《だし》が花園第一大通り（現在の花園銀座通り）を進む。ちょうど踏切の遮断機が閉まって、近くで向かい合う見物人とのあいだで少々間の悪い空気が漂っていそうだ。線路際には映画の看板がびっしりと並ぶ。映画全盛の時代だった。

潮まつり、踊りの練習▼

◆昭和42年7月13日
◆所蔵／小樽市総務部広報広聴課

現在に続く小樽の夏の恒例イベント〈おたる潮《うしお》まつり〉が始まったのは昭和42（1967）年。古くから小樽の街が発展する支えとなってきた「海」への感謝と敬意を表しながら、観光地としての小樽の魅力を内外に広く伝えていくことを趣旨としていた。それまでの〈みなと小樽商工観光まつり〉がその名のとおり、商工業や観光PRを主眼としたものであったのに対し、新しいまつりは街ぐるみ、市民参加型となることを目指していた。

まつりのなかで多くの市民が楽しめるものとして考えられたのが〈潮音頭〉の踊りだ。『みんなで踊ろう潮まつり』をスローガンとして、〝市民ぐるみ〟の祭りを盛り上げることに運営側は力を注いでいた。曲と踊りが完成したのは6月末で、8月4～6日のまつり本番までわずか1ヶ月あまり。この間に市内各地およそ30ヵ所で、日本舞踊のお師匠さんが出向いての講習会が盛んに行われた。

写真はそのひとつ、潮見台小学校での練習風景。国道から一段下がった位置にある校庭の造りは今も変わらないが、煙突の並ぶ木造校舎、灯り取りの「越屋根」を設けた体育館などがいかにも古風だ。女の子たちの吊りスカート姿にも時代が感じられる。

第1回おたる潮まつり

◆昭和42年8月6日 ◆所蔵／小樽市総務部広報広聴課

記念すべき第1回〈おたる潮まつり〉の初日（8月4日）は、果たして雨だった。主会場となったのは現在と同じ第三埠頭だが、当時の埠頭の大部分は未舗装のため雨によるぬかるみがひどい。潮音頭の一節をもじって「ドロンコザブーン」の声が聞かれたという。その雨も夕方には止み、2・3日目は晴天に恵まれた。

ポートフェスティバル

◆昭和50年代後期
◆所蔵／（旧）ポートフェスティバル実行委員会

小樽運河の埋め立てか保存かをめぐる議論が喧《かまびす》しい昭和53（1978）年7月、運河保存派グループの若者たちが中心となって第1回〈ポートフェスティバル〉が開かれた。ロックやフォークソングのライブ、不要品を持ち寄るフリーマーケットなどの催しで、とにかく運河周辺に人の流れを向けようとの試みだ。目論見は当たって大人数を動員するイベントとして定着。平成6年の第17回まで続いた。

◀【昭和6年海港博覧会】

水辺の会場風景

◆所蔵／小樽商工会議所

小樽市と小樽商工会議所の共催による〈小樽海港博覧会〉が開幕したのは昭和6（1931）年7月11日。札幌を本会場とする〈北海道拓殖博覧会〉の第三会場という位置づけであったが、街は小樽単独の博覧会と変わらない盛り上がりを見せていた。小樽での会場となったのは、現在の堺町交差点海側に完成して間もない埋め立て地だった。

写真は、海に面した博覧会会場の風景。高曇りで陽ざしは弱く、ビール会社の巨大な広告塔の旗がなびいているところを見ると、会場には海風が吹き渡っているようだ。水辺の会場内をそぞろ歩く人々には、心地よい夏の一日だったことだろう。

人々の服装を見ると、和服姿が多くを占めている。男性では和洋どちらでもパナマ帽を被った人が目立つ。昭和初期、夏向きの帽子として流行したアイテムだ。

【昭和6年海港博覧会】

潜水館と世界旅行館▶

◆所蔵／小樽商工会議所

写真は会場に設けられた展示館を海側から撮影したもの。展示内容を紹介した当時の新聞記事によれば「潜水館。ここでは潜水夫の水中拳闘が勇壮の限りをつくして演じられて、その隣の世界電気旅行館では電気応用世界一周旅行のパノラマが客を呼ぶ」とある。いったいどんな見せ物だったのだろうか。

港の埠頭上に設けられた会場では貨物用の支線が場内を通り、3ヵ所に跨線橋が架けられていた。右の写真は跨線橋上から撮られており、下には線路が見える。

【昭和6年海港博覧会】飛行機の展示

◆所蔵／小樽商工会議所

会場内には実物の飛行機も展示されて注目を集めた。〈甲式三型練習機〉と記されたこの複葉機は、博覧会のために逓信省から払い下げを受けたもの。航空士が実際にエンジンを掛け、操縦についての説明を行ったという。

手前のベンチの広告〈レート石鹸〉〈レートクレーム〉は大正4（1915）年に東京の〈平尾賛平商店〉が発売した化粧品。ブランド名はフランス語でミルクを意味するLaitを英語読みしたものだ。

▲【昭和12年・開道七十年北海道大博覧会】

公園会場の風景

◆所蔵／小樽市総合博物館

昭和6（1931）年の博覧会開催から間もない昭和12年、小樽では再び博覧会が開かれる。この年の〈北海道大博覧会〉は小樽公園と港町埠頭の2ヵ所を会場とした。博覧会開会の7月7日、まさにその日に盧溝橋事件が勃発。これを発端として日中戦争が起こり、さらに第二次世界大戦へと、日本は戦争の時代へと進んで行く。

▲【昭和33年・北海道大博覧会】

前夜祭と祝津会場

◆所蔵／小樽市総合博物館

戦後初の博覧会が開催されたのは昭和33（1958）年。第三埠頭と祝津地区が会場となった。【写真上】は小樽駅前での前夜祭パレード。【写真左上】は祝津会場で、展示のメインは水族館だった。祝津地区で観光化が進むのは、この博覧会がきっかけだ。

【昭和59年・'84小樽博覧会】

コラーニ・デザインの〈オタルステージ〉

◆所蔵／小樽市総務部広報広聴課

埋め立て完工から間もない勝納《かつない》埠頭を主会場として昭和59年、〈'84小樽博覧会〉が開かれた。博覧会の企画にあたりプロデューサーとして迎えられたのがドイツの工業デザイナー、ルイジ・コラーニ氏だ。会場でのシンボルとして、巨大な二枚貝を模した開閉式の屋根をもつテーマ館〈オタルステージ〉が氏のデザインによって造られた。コラーニ・デザインのユニークな建物がそれなりに話題を呼んだものの、準備期間の短さ、全体的なテーマの希薄さなどから来場者数は伸び悩み、最終的には約3億7,900万円の巨額赤字を残す結果となった。

【写真上】 博覧会の開催前年、会場予定地となる勝納埠頭埋め立て地を視察に訪れたルイジ・コラーニ氏夫妻

◆昭和58年7月6日　◆所蔵／小樽市総務部広報広聴課

【写真左上】 開会を1ヶ月後に控えて工事の進む勝納会場

◆昭和59年5月　◆所蔵／小樽市総務部広報広聴課

ユニークなデザインで話題を呼んだテーマ館〈オタルステージ〉。この建物の建設だけにおよそ3億5,000万円が投じられた

【11】冬に遊ぶ

ざっと1年の3分の1は雪に覆われる小樽の街。冬を疎ましいと感じる一方で、雪国ならではの遊びを楽しむことも忘れない。坂の街だけにスキーはお手の物、冬のイベントもいろいろだ。

高等女学生のスキー

◆大正時代
◆所蔵／小樽市総合博物館

緩やかな斜面でスキーに興じるのは〈庁立小樽高等女学校〉の女学生たち。制服のままスキー板を履いた出で立ちだ。この写真は大正時代に絵はがきとして発行されたもので『聖ヶ丘にて女学生のスキー練習』の説明文が添えられている。

◆

小樽におけるスキーは明治45（1912）年2月〈小樽高等商業学校〉（〈小樽商科大学〉の前身）の講師・苫米地《とまべち》英俊が新潟県高田市で講習を受けた後、3台のスキーを持ち帰ったことに始まった（高田では前年の1～2月、オーストリアのレルヒ少佐によって日本人将校や学校の教員を対象とした講習が行われ、わが国スキー発祥の地とされる）。

この新しい冬のスポーツはまず高商の学生によって楽しまれるが、翌大正元年になると、教育関係者のほか一般社会人も会員とする〈小樽スキー倶楽部〉が早くも結成されている。そして翌年以降は小樽中学校

（現・小樽潮陵高校）、小樽商業学校（旧・小樽商業高校）、小樽水産学校（現・小樽水産高校）に相次いでスキー部が創設された。小樽高女では大正10（1921）年にスキー授業が始まったとされる。

◆　◆

この写真の撮影地として記された〈聖ヶ丘〉とは、小樽公園に向かい合う入船町の高台の呼称。古くは牧場もあり、積雪期には格好のゲレンデとなったようだ。なお小樽高女は〈小樽桜陽高校〉の前身で、昭和27（1952）年に現在地に移転するまでは今の〈菁園《せいえん》中学校〉の場所にあった。

小樽でスキーが急速に普及したのは、滑りに適した斜面が街なかのあちこちにある恵まれた環境によるところが大きい。

着物・袴にスキーを履いた庁立高女の女学生。同校でスキー授業が始まって間もない頃の写真と思われる　◆大正時代　◆所蔵／小樽市総合博物館

▲天狗山にリフトが誕生

◆昭和27年3月　◆所蔵／小樽商工会議所

小樽でのスキーの発祥は古く明治の末にさかのぼる。しかしスキーリフトの登場はそれよりずっと後で、昭和27（1952）年3月、〈第7回国体スキー大会〉開催に合わせ、天狗山に誕生したリフトが北海道初の施設となった。

完成間もないリフトを写したこの写真では、太い丸太を組み上げた支柱が何といっても目を引く。全長465mで所要4分、料金は30円。初のリフトが2人乗りというのは斬新だ。写真をよく見ると、スキーヤーは板を外してからリフトに乗っている。

▲小樽公園〈池田シャンツェ〉

◆昭和31年2月5日
◆所蔵／小樽市総務部広報広聴課

今でこそスキーといえば圧倒的にアルペン系の滑りが主流だが、かつてはジャンプ競技がそれを凌ぐほどの人気を誇っていた。海外で戦績を残すジャンパーを多数生んだ小樽では、少年たちのあいだにもジャンプが広く浸透する。公園や学校に10～20m程度のジャンプ台が造られて、盛んに競技が行われた。

写真はこの日、小樽公園内の顕誠塔広場下に誕生した新しいジャンプ台。スポンサーである池田製菓の名を冠して〈池田シャンツェ〉と命名されたが、子どもたちのあいだでは同社の人気商品「バンビキャラメル」から「バンビのジャンプ台」と呼ばれていた。

昭和37年国体の天狗山シャンツェ

◆昭和37年2月25日
◆所蔵／小樽市総務部広報広聴課

眼下に港を望む景観は、今でも天狗山スキー場の売り物のひとつ。その斜面に造られたジャンプ台は、海に向かって飛び出すようなダイナミックさがあった。このシャンツェは昭和26（1951）年に完成した80m級で、当時としては国内最大規模の施設だった。しかしランディングバーンが右に屈曲する造りで、選手たちの評判は芳しくなかったという。

▶北手宮小学校の雪まつり

◆昭和12年2月　◆所蔵／北手宮小学校

札幌はじめ各地の雪まつりで行われる大雪像作りのルーツが〈北手宮小学校〉の行事にあることは、地元小樽でよく知られている。同校の二代目校長・高山喜市郎氏（故人）の発案により雪像――当時は「雪手芸品」と呼んだ――作りやスキー競技、雪中ゲームを楽しむ第1回雪まつりが行われたのは昭和10（1935）年2月のことだった。写真は12年2月の第3回行事の模様。

◀雪像作り
◆昭和32年2月10日
◆所蔵／小樽市総務部広報広聴課

▼雪中運動会
◆昭和32年2月16日
◆所蔵／小樽市総務部広報広聴課

▲▶稲穂小学校の雪まつり

北手宮小学校における雪まつりの創始者である高山喜市郎氏は、北手宮から異動後の昭和16～27（1941～52）年に校長を務めた稲穂小学校でも、同様の学校行事を行っている。稲穂小は開校記念日が真冬の2月16日であることから、この日に合わせて雪像造りや雪中運動会を楽しむ行事が長年にわたり定着していた。

【写真右】昭和32（1957）年の雪中運動会。玉入れ競技のようだが、何よりも子どもの数の多さが圧倒的だ。いわゆる団塊の世代が入学した時代で教室不足が深刻化、2つのクラスが1つの教室を午前と午後で入れ替えて使う〝二部授業〟を採用した学校もあった。この写真でもたくさんの子どもたちが校舎のベランダに鈴なりになっているところを見ると、グラウンドを〝二部制〟で使っていたのだろう。

【写真上】開校記念の行事に先立ち、雪像作りに励む子どもたち。場所は校庭の南側、小樽商大から下ってきた道路沿い。写真に見える大きなアカシアの木には石原慎太郎・裕次郎兄弟が稲穂小に通っていた少年時代、登って遊んだといういわれがある。兄弟が在校したのは、この写真の撮影より15年ほど前のことだ。この木は今も健在で、近年には裕次郎とのゆかりを記すプレートが立てられた。女の子の多くがマフラーやショールを頭に巻いているのがこの時代らしい。大人の女性に流行したスタイルが、子どもにも広まったようだ。

小樽公園でのスキー

◆昭和31年2月
◆所蔵／小樽市総務部広報広聴課

かつてスキーとはリフトの有無に関わらず、傾斜のある広い斜面ならどこでも楽しめるものだった。坂の街、小樽にはいたるところスキーに適したスロープがあり、市街中心部の小樽公園もまたそうしたゲレンデのひとつだった。

写真は公園最上部で、画面中ほどに水天宮の丘、その中腹には堺小学校（平成18年閉校）の大きな校舎が見える。石狩湾を隔てた増毛《ましけ》山地の好展望は、現在と変わらない。

▼“東山スロープ”でのスキー授業

◆昭和45年1月9日
◆所蔵／小樽市総務部広報広聴課

学校のスキー授業もまた、手近な斜面で行うのが普通だった。小樽公園の入船側、〈東山中学校〉向かいの斜面は〝東山スロープ〟と呼ばれたスキー適地のひとつ。雪に覆われた木造校舎のたたずまいはなかなか趣があるが、この建物は昭和56（1981）年に姿を消し、学校自体も平成14（2002）年で閉校となった。

路上での〝雪スケート〟

◆昭和31年1月6日
◆所蔵／小樽市総務部広報広聴課

橇《そり》を押す、後ろ2人の少女の足元に注目。長靴の底にベルトで金具を取り付ける簡易的なスケートで、氷のリンクではなく踏み固められた雪の上で主に使われ〝雪スケート〟と呼ばれた。撮影場所は於古発《おこばち》通り。

小樽公園内の市営スケートリンク

▲昭和49年1月26日
▼昭和50年1月22日　◆所蔵／小樽市総務部広報広聴課（2点とも）

小樽でのウィンタースポーツといえば圧倒的にスキーが主流だが、やや意外なところではスケートも行われていた。昭和29（1954）年、札幌でのスピードスケート世界大会開催によりスケート人気がにわかに高まったことを受け、この年から小樽公園内に特設した市営リンクの公開が始まった。

とはいえ内陸ほどには気温が下がらず、積雪の多い小樽でのリンク設営には、多くの困難をともなった。開設場所は公園グラウンド、顕誠塔前広場、桜ヶ丘球場と何度か移ったが、屋外リンク造りの苦労の多さは変わらない。悪条件のなかよく続いたが、昭和51（1976）年を最後に市営スケートリンクは営業終了となった。

▲ **公園グラウンドに並ぶ大雪像**

真駒内の陸上自衛隊が大雪像作りに協力していた時期もあった

◆昭和40年2月20日　◆所蔵／小樽市総務部広報広聴課

▼ **公園会場での怪獣ショー**

〈ウルトラマン〉の放映開始は昭和41年。怪獣人気はこの頃が全盛だ

◆昭和43年2月2日　◆所蔵／小樽市総務部広報広聴課

おたる雪まつり

〈さっぽろ雪まつり〉をはじめ、大雪像をメインとするイベントの源流は戦前、小樽〈北手宮小学校〉で始まった学校行事に求められる（→P138）。今では国際的知名度を得た「さっぽろ」の始まりは昭和25（1950）年、〝元祖〟の小樽では、やや遅れて28年に第1回の市主催〈おたる雪まつり〉が行われた。

しかしながら運営上の問題が多く――42年に〈おたる潮まつり〉が始まって企業の寄付金負担が増えたことも一因とされる――昭和44（1969）年で中止となる。大雪像作りの発祥の地ではあるが、それを全市的規模のイベントとして定着させることはできなかった。

◀雪まつり会場で〈東京五輪音頭〉

◆昭和39年2月22日　◆所蔵／小樽市総務部広報広聴課

昭和39（1964）年は東京オリンピック開催の年。開会を祝うムードが高まるなか、前年夏にはテーマ曲となる〈東京五輪音頭〉が発表された。この曲は三波春夫、橋幸夫、三橋美智也、坂本九など当代人気歌手がそれぞれにレコードを出し、そのなかで三波が断然トップの売上げを記録したという。

2月の恒例行事、〈おたる雪まつり〉会場ではこの曲の踊りが披露された。あいにくの雪の中、髪を雪で真っ白にしながらの踊りはつらそうだが、観客は熱心に見守っている。

その後、10月10日のオリンピック開会式を前にした9月11～12日には、東京へ向かう聖火リレーが小樽を通過する。札幌から運ばれた聖火は大勢の市民の歓迎を受けて小樽市役所に到着、そこで一夜を明かして余市方面へと出発していった。

札幌冬季五輪、聖火リレー▶

◆昭和47年1月27日
◆所蔵／小樽市総務部広報広聴課

昭和39年の東京オリンピックに続き47（1972）年には札幌冬季オリンピックの聖火が小樽を通ることとなった。

【写真右】銀座街での聖火引き継ぎの模様。このときのリレーは小樽市内14の区間で正副ランナーおよび随走者、計156人の中高生が走った。

【写真下】市民会館前で行われた聖火到着式では〈小樽昭和高校〉（現・小樽明峰高校）のバトントワラーが演技を披露。その後、聖火は札幌へと向かった。

【12】
昭和の終わりに

64年間におよんだ〝激動〟の昭和。明治以来の好況を享受した初期、戦争による停滞と復興の中期と、小樽にとっても起伏に富んだ時代だった。そしてその末期。市街中心部の再開発など大規模プロジェクトにより、街は大きな変容を遂げる。

晩年の〈ニューギンザ〉

◆昭和63年4月5日
◆所蔵／小樽市総務部広報広聴課
（この見開き3点とも）

昭和の戦後、小樽市街中心部の〈銀座通り〉には3つのデパートが並んだ。〈丸井今井〉、〈大國屋〉そして〈ニューギンザ〉。これらのなかでニューギンザは大正6（1917）年、色内から稲穂町に移転開業した〈㋖河野呉服店〉の後を受け、昭和30（1955）年にデパートとしてオープン。大衆寄りの路線で、若者層にも支持された。

狭いエリアに3つのデパートが並ぶ様子は、商都小樽の賑わいの象徴として語られる一方、各店間に激しい競争を招いた。昭和40年頃からは札幌に購買力が流出する傾向が顕著となったほか、50年4月、駅前での〈長崎屋〉オープンにより競争はさらに激化した。

昭和も終わりになってニューギンザの業績は低迷、63（1988）年で閉店が決まる。隣接する〈北海ホテル〉とともに、同年中に取り壊された（下の写真はその解体中の模様）。跡地には再開発事業により、丸井今井と小樽グランドホテルの13階建てビルが平成2（1990）年に完成。しかしその建物も開業からわずか20年あまりで平成25年に解体されたことは記憶に新しい。

解体作業が進むニューギンザの建物（昭和63年10月撮影）

「ニューギン」と呼び親しまれ、店舗は小さいながら他２つのデパートに伍して健闘したニューギンザの最後の姿。撮影は昭和63年4月、この秋には解体作業が始まった。隣接する〈北海ホテル〉は昭和43年にオープンし、最上階の回転ラウンジが話題を呼んだ。しかしニューギンザとともに解体され、営業期間は20年と短命だった

ニューギンザと北海ホテルが解体され、奥に建つ丸井今井の建物が姿を現した。丸井もこのあと間もなく取り壊され、ニューギンザ跡地を含めた大きな敷地で再開発ビルが建てられる。新たなビルは平成2年に完成し、丸井今井と小樽グランドホテルが営業を始めた

◆昭和49年9月3日
◆所蔵／小樽市総務部広報広聴課

◀小樽駅前の再開発

小さな商店が集まり、古い建物が雑然と並んでいた小樽駅周辺で、再開発の構想がもちあがるのは昭和40年代のこと。しかし国道5号の拡幅や駅前広場の整備計画と絡むうえ、小規模な商業者など土地所有者が多数に上り、さらには大型店の進出に対して地元商業者からの反対が根強いことなどから、事業推進は多難を極める。

駅の並びで〈小樽駅前第一ビル〉建設がようやく着工されたのは昭和47（1972）年9月。翌年12月24日に開業したのに続き、国道5号を隔てた向かいで第二ビルの建設が始まった。左上の写真はその工事終盤の様子を写している。ビルと国道の間にある商店、食堂などの店舗の並びはほどなくして撤去され、国道拡幅のための用地となる。

第二ビルが竣工したのは50年3月31日。核テナントとして〈長崎屋〉が入居したが、準備段階では〈ニューギンザ〉百貨店も入店の希望を示していた。ビル開業当初、1階入口付近に大きな水時計があったのを憶えている人は多いだろう。

▶**第二ビルの水時計**　汲み上げた水で水車を回転させ、その力で時針を動かすユニークなもので、ビル開業当初には〝世界でただひとつ〟とPRしていた。それもいつの間にか姿を消し、今は単なる休憩スペースに
◆昭和50年4月3日　◆所蔵／小樽市総務部広報広聴課

長橋バイパス建設工事

◆昭和63年4月29日
◆所蔵／小樽市総務部広報広聴課

小樽市街の北側、長橋からオタモイの国道5号は交通量に比して道幅が狭く、交通渋滞が慢性化していた。打開策として昭和46（1971）年に道路の拡幅計画が持ち上がるが、住民のあいだには環境悪化への懸念などから反対意見が根強く、また立ち退き対象となる住宅が多数に上るため事業は難航する。最終的に国道とは別にバイパスを建設する案で決着をみたが、着工に漕ぎ着けるまでにはおよそ15年を要した（バイパスの全線開通は平成6年）。

写真に写る蒸気機関車はC62 3（→P72）。かつて函館本線を走った大型機関車が動態復元され、この年に〈C62ニセコ号〉として復活運転が始まった（当初は小樽～倶知安間、のち小樽～ニセコ間）。このときはバイパス工事のため仮設の線路を走っている。

朝里ループ橋の建設

◆昭和60年10月28日
◆所蔵／小樽市総務部広報広聴課

朝里川を堰き止める朝里ダムの建設により、道道1号（当時は3号）小樽定山渓線の一部ルートが水没することとなり、道路を付け替える工事が行われた。高い位置に新たに造られる道路を朝里川温泉の街並みにスムーズに繋ぐため、螺旋を描きながら高度を下げるのがこのループ橋だ。正式には〈朝里大橋〉というこの橋は昭和61（1986）年10月に、ダム本体は平成5（1993）年に竣工した。

〈望洋パークタウン〉の造成

◆昭和55年9月18日
◆所蔵／小樽市総務部広報広聴課

朝里から桜にかけての丘陵地帯を住宅地として造成する計画の起こりは、昭和43（1968）年にさかのぼる。この年、道では〈北海道百年記念〉の事業として、札幌の周辺地域に大規模な住宅地を開発する〈札幌ニュータウン〉構想を立ち上げる。その誘致を目指した小樽市が、候補地として目を付けたのが、この丘陵地帯だった。

結果としてこのときに宅地開発は実現しなかったが、その10数年後、〈毛無山麓総合開発〉という新たな事業として総面積約300ha、4800戸の住宅地を造成する大型プロジェクトがスタートする。

写真は事業が着工された昭和55（1980）年、造成工事が進む様子を上空から撮影したもの。住宅地全体の輪郭がすでに整いつつあるが、画面右端に見える朝里川は直線化と護岸工事の進んだ現在と違い、森の中をゆったりと蛇行しながら流れている。

画面左端の海上では勝納《かつない》埠頭の埋め立てが進行中だ。完工後の埠頭は〈84小樽博覧会〉（↓P133）の会場となるが、当初、この望洋パークタウンを博覧会場とする構想もあったというのがおもしろい。

クリスマスを控えた街の様子を何気なくスナップしたものだろうか。この撮影日から2週間あまり後の昭和64（1989）年1月7日、昭和天皇が崩御する。市広報広聴課が撮影する多数の画像のなかで、これが昭和の時代を写した最後となった。駅前通りはその後の拡幅工事によって大きく雰囲気を変えることとなるが、写真には〈喫茶エンゼル〉はじめ、今はなき店の看板も見える。

昭和の終焉、2週間前の駅前通り

◆昭和63年12月23日
◆所蔵／小樽市総務部広報広聴課

【明治・大正・昭和】

小樽の街の歩み

【江戸時代～明治維新】

◆小樽に置かれた〝場所〟

江戸時代後期に蝦夷地を治めた松前藩では、上級藩士がアイヌの人々と交易を行うことによって藩の経営が支えられていた。本州と違って米を産出しない松前藩独自の仕組みで、藩では蝦夷地全体を区分けして交易地（＝「**場所**」）を定め、そこで藩士に商いを行わせたのだ。

現在の小樽市周辺には「ヲタルナイ」「シクツシ」（タカシマ）「ヲショロ」の〝場所〟があり、それぞれ小樽、祝津、高島、忍路の地名の語源となっている。このうちヲタルナイ場所の運上屋（＝場所内で拠点となる建物）はもともと現在の銭函地区、小樽・札幌両市の境界近くにあったが、のちに入船川河口付近に移された。またシクツシ場所は18世紀末頃に運上屋が移され、タカシマ（高島）場所へと変わっている。

各場所では当初、藩士自らが交易に携わったが、やがて商売に不慣れな藩士に替わり、商人が一定の権利金を払ったうえで交易を請け負う形態に移行する。これを**場所請負制度**という。場所請負人となったのは当初、近江商人が多く、ヲタルナイ場所を取り仕切った岡田家、タカシマ、ヲショロ場所の西川家、ともに近江の出だった。

◆交易の担い手は「北前船」

18世紀後半以降、本州～蝦夷地間の交易を支えたのが**北前船**（→P14）だ。関西から瀬戸内海経由で日本海に出て山陰、北陸、東北の港町に立ち寄りながら北海道沿岸を巡ったこの船は、単に物資を運ぶだけでなく途中の寄港地で商品を仕入れ、それを別の場所で売り、という商いを繰り返し行うことで大きな利益を上げた。

蝦夷地（北海道）の産品としては鮭、昆布、干しアワビなど海産物が中心で、ほかに熊や鹿の毛皮などアイヌが狩猟・採取によって得る品々も加わった。それらとは別に和人が製法を考案し商品化したのが、鰊を原料とする「締め粕」だ。これは鰊を大釜で茹でたのちに絞り、乾燥させた農業用肥料のこと。特に西日本では綿花・藍など工芸作物から米まで、さまざまな農産物の生産に欠かせないものとして高値で取引され、蝦夷地の主力産品となっていた。

これに対し本州から蝦夷地へ運ばれた物資は米、塩、醤油、味噌、酒といった食料から衣類、藁《わら》製品、陶器・鉄器、紙、金物類など多岐にわたる。当時の蝦夷地では農業も、和人の生活に必要な物資の製造もほとんど行われていなく、多くを本州からの移入に頼っていた。

【明治時代の幕開け】

◆場所請負制度廃止、小樽は〝村並み〟に

本州からの移住者が増えたヲタルナイでは幕末の慶應元（1865）年に**村並み**、つまり本州の村とほぼ同等に扱うことが幕府によって布告された。それまでは単に交易地だったこの地に村役人が置かれ、幕府による自治が行われることとなる。

そして明治維新を迎える。「蝦夷地」は「北海道」と名付けられ、ヲタルナイと呼ばれていたこの土地はようやく「小樽」の表記に落ち着く（それまでは小樽内、尾樽内、穂足内なども書かれた）。明治2（1869）年には場所請負が廃止され、於古発川《おこばち》を境界として東側を小樽郡、西側を高島郡とする体制が敷かれた。

明治新政府の国策によって北海道の近代化が推し進められ、その拠点となる開拓使の本府が札幌に置かれると、最寄りの港として小樽の重要性はにわかに高まった。国内外から札幌に向かう物資・人の流れがほぼすべて、この港を経由したためだ。

松前藩・幕府による管理体制が消滅したことにより、北前船は蝦夷地に入る際に積み荷の改めを受けて入国税を払う制度がなくなった。自由な交易が可能となった北前船は明治時代に入ってなお、小樽を含む北海道の港町へ盛んに出入りする。日本海を巡った彼らの時代は、陸では鉄道網が全国に広まり、海では汽船が輸送の主役となる明治後期まで続いた。

◆港と鉄道の結び付きで大発展へ

明治13（1880）年には、小樽港の位置付けを飛躍的に高めるできごともあった。手宮を起点とする鉄道の開通だ。

内陸の空知地方で発見された**幌内炭山**は、北海道での殖産振興を目論んだ開拓使にとって、まさに宝の山だった。しかし当時はそれを運び出す手段がない。鉄道、水運を組み合わせたいくつかの候補のなかから選ばれたのが、小樽港への鉄道敷設だった。建設工事は〝お雇い外国人〟のアメリ

【写真左】北防波堤の建設工事が始まって間もない明治30年頃。まずは防波堤基部を埋め立て、そこにコンクリートブロックの製造工場などを造ることから始まった。このの画面奥の巨岩の手前から防波堤が築かれていく

【写真左下】明治36年に開業した初代小樽駅。傾斜地に盛り土して造られている。当初は寂しい場所だったが、このあと急速に周囲の街並みが発展していった

カ人技師クロフォードによって驚異的な速さで進められ、13年11月に手宮～札幌が開通、2年後には幌内炭鉱までの延伸が完成し、この鉄道本来の目的である石炭の積み出しが始まった。

北海道の玄関口となる港をすでにもっていた小樽だが、これに鉄道という当時最新鋭の交通システムが結びついたことの効果は大きい。小樽港は石炭のみならず道内で産出する、あるいは道内へ運び込まれるさまざまな物資・人の流れの集積地となり、港町として大きく発展することとなる。

明治20年頃からは海岸部の埋め立てが進んだほか、学校の設立、郵便・電信の開業、電気の供給開始など社会基盤が徐々に整っていく。産業の面でもそれまでの漁業に加えて日用品、酒、醤油などの製造業や農業が盛んになり、物資の多くを本州からの移入に頼っていた時代からの進展が見られるようになる。ただし米作はこの当時はまだ行われず、替わって本州から船で持ち込まれた玄米を水力、のちには蒸気動力を使って精米する業者が、小樽ではいくつか営業していた。

明治32（1899）年に小樽は**区制施行**。それにより民選――といっても選挙権をもつのは一部の高額納税者に限られていたが――の区会議員が選出され、自治への第一歩を踏み出した。同時に区制を敷いたのは札幌と函館で小樽は制度上、北海道の三大都市の一つとなる。このときの小樽の人口は約6万2千。開港場の指定を受けて中国、朝鮮、ロシアに向けた農産物などの輸出が本格化するのもこの年のことだ。

◆日露戦争勝利で樺太が日本領に

北海道へ南下の機会をうかがうロシアの脅威は18世紀からあったが、明治37（1904）年2月、ついに**日露戦争**が始まる。超大国に戦いを挑む日本は圧倒的に不利と見られたが意外にも善戦し、開戦からおよそ1年半後、アメリカ・ポーツマスでの終戦交渉に漕ぎ着けた。交渉の結果、日本は辛くも勝利を得たものの戦争賠償金はまったく得られず、膨大な戦費支出の後処理にしばらくのあいだ苦しむこととなる。

しかし海を隔てて向かい合うロシア南下の脅威が当面回避され、樺太（サハリン）の南半分が日本の領土となったことは、小樽にとっての好材料だった。樺太への移住が進められ、そこでの産業が振興されると、小樽は樺太への中継地としての機能を担うこととなったのだ。

函館から長万部、倶知安を経由して小樽に至る**北海道鉄道**が全通したのは、日露開戦直後の明治37年10月。山間部を通る工事の困難さ、沿線に人口、産品とも乏しいことから着工までには曲折があった。しかし日露関係が緊迫するなか、戦時における陸上の輸送ルートを確保しようとの思惑が、建設を後押しする。この路線開通により、明治24（1891）年に開通していた東北本線と、青函航路を合わせ、東京と北海道を結ぶ新たな輸送ルートが完成した。

現在の小樽駅は、北海道鉄道の開通と同時に開業している。山の手寄りに新たな駅が誕生したことで、街の賑わいはそれまでの港周辺から、広い範囲に及んでいく。

このあと明治末期、小樽ではいくつかの大事なできごとがある。41（1908）年、**小樽港北防波堤**が難工事の末に完成。波浪への守りを固めて名実ともに近代港湾の仲間入りを果たす。44年には**手宮高架桟橋**が落成し、鉄道から船への石炭積み込み作業の効率化が進んだ。同じ44年には**小樽高等商業学校**（現・小樽商科大学）が開校している。**日本銀行小樽支店**（現・金融資料館）の壮麗な建物が完成したのは明治時代が終わる直前、明治45年7月のことだった。

日露戦争を機に上昇気流に乗った小樽の街はこのあと大正時代、その全盛へと向かっていく。

平磯岬の高台に築かれた〈銀鱗荘〉。余市にあった豪壮な鰊番屋を移築している。この桜町一帯では昭和9年に大規模な土地開発事業が行われ、この建物はそのシンボル的な意味も込められた。大正9年、駅前通りにオープンした〈北海ホテル〉の別館という位置付けだった

【大正時代】

◆第一次世界大戦で景気は絶好調

大正3（1914）年夏、サラエボ事件を引き金として第一次世界大戦が勃発。戦場から遠く離れた日本は、戦争との直接的な関わりは薄かったものの輸出入が停滞し、経済不況に陥ると見られた。

しかし開戦翌年になると、イギリスやロシアに向けた軍需物資の輸出が増加。さらに食料不足に苦しむヨーロッパ各地に向けた雑穀類の輸出が急増に転じる。それらの商取引で短期間に多大な利益を上げる〝戦争成金〟が各地に出現したのがこの時代のことだ。

大戦景気の影響は日本全国に広がったが、農産物の一大生産地であった北海道はとりわけその恩恵に浴するところが大きい。もともと道内で生産される農産物の集積地という役割を担っていた小樽は、ヨーロッパに向けた雑穀や澱粉輸出の最前線となる。そのなかで多量の小豆《あずき》を買い付けて秘かに貯蔵し、値上がりを待って一気に売り抜けて膨大な利益を得た高橋直治は「小豆将軍」の異名で知られている。

◆小樽区から小樽市へ

この大戦を機にロシア沿海州、ヨーロッパなどへの航路が拡大し、小樽港は北海道内で産出する石炭、木材、穀類などの積み出し港として発展を続けていく。本州から大手銀行、商社、海運業者が続々と進出したのもこの大正時代のことだ。

明治41（1908）年に北防波堤が完成したのに続き、大正12（1923）年には南防波堤も竣工する。波浪への備えを盤石として小樽港は横浜、神戸と並ぶ国内屈指の貿易港の仲間入りを果たした。

それまで「区」であった小樽に**市制**が敷かれたのは大正11（1922）年8月1日。明治32年の区政施行以来、順調な発展を遂げてきたこの街にとって、市への格上げは筋書きどおりといえた。道内でこのとき同時に市となったのは他に札幌、旭川、函館、室蘭、釧路の5都市がある。

小樽運河（→P112）の全区間が完成したのは大正12年。この時代、運河沿いの倉庫と艀《はしけ》とのあいだで積み荷を運ぶのは「沖仲仕《おきなかし》」と呼ばれた労働者による人海戦術だ。ヨーロッパなどへの好調な輸出を背景に、運河周辺では昼夜を問わない荷役作業が続けられた。

市民生活の面では大正年間に大國屋、今井呉服店、河野呉服店がデパートの業態を取り入れて新装開業。通りにはバスやタクシーが走り始めた。カフェやビヤホール、シネマが次々に誕生して人気を呼び、街に賑わいをもたらすのもこの時代のことだ。

【昭和から現在へ】

◆昭和初頭の不況、そして戦争へ

大正時代から昭和の時代に入る頃、絶頂をきわめた小樽経済にもブレーキがかかる。要因となったのは大正12（1923）年の関東大震災を契機とする全国的な政情・経済の不安定、第一次世界大戦の好況からの揺り戻しを背景とする昭和2（1927）年の金融恐慌。そして4年にはニューヨーク株式市場での株価大暴落に端を発する世界的な恐慌が起こる。

それでもこの時代の小樽にはまだまだ余力があった。労働争議が多発し、政情は不安定になっていくが、経済の大きな停滞を招くには至らない。昭和10（1935）年には小樽で初の本格的な埠頭建設が始まる。大正年間に築造された小樽運河を、竣工当初から時代遅れとする見方が多いなか、近代的な埠頭建設には大きな期待が寄せられ、起工式はひときわ盛大に行われた（第一埠頭の竣工は昭和15年）。

現在、小樽市内で歴史的建造物となっている建物にはこの時代、大正後期から昭和初期にかけて建てられたものが多い。色内地区に並ぶ本州資本の銀行や商社の社屋、それに小樽市庁舎、小樽駅舎などいずれも豪壮な建築で、現在に残るその壮麗な姿は、不況の時代に建てられたことなどまったく感じさせない。

オタモイ海岸の険しい断崖上に料亭・**龍宮閣**が建てられ（昭和9年）、平磯岬の高台には余市の鰊番屋が移築されて**銀鱗荘**という名の旅館として開業（昭和14年）するなど、観光を楽しむ余裕が昭和初期にはまだあった。

世の中に戦時ムードが漂い始めた昭和12（1937）年夏、小樽を会場として〈開道七十年北海道大博覧会〉が開催された。それまでに大正7年、昭和6年と小樽を会場

昭和12年夏の小樽駅前。このとき〈開道七十年北海道大博覧会〉が開催中で、画面左端にその案内所が見える。その一方で出征兵士を見送る一団が駅へと向かう。小樽にとっての大きなターニングポイントとなった昭和12年という年を象徴する写真

とする博覧会はあったが、どちらも札幌との共催であり、小樽単独での開催はこれが初となる。停滞ムードを好転させる絶好の機会として、博覧会に対する地元の意気込みには並々ならぬものがあった。

しかし博覧会が開会する7月7日、まさにその日に盧溝橋《ろこうきょう》事件が勃発、これを発端として日中戦争が起こる。二国間の戦争からやがて第二次世界大戦へと発展し、日本経済は長い停滞期に入っていく。

この頃から企業活動への制約が強化され、物資不足も深刻となる。経済統制が敷かれ、企業の統合が進められた結果、小樽でも多くの老舗の暖簾《のれん》が消えた。

日清・日露戦争での勝利、それに大戦景気を引き出した第一次世界大戦と、小樽は戦争を味方に付けて発展した歴史をもつが、今度ばかりはそうもいかなかった。明治以来、順調な発展を続けてきた小樽にとって大きな曲がり角となったのが、この昭和12年という年だった。

◆戦後の〝斜陽時代〟

敗戦後、日本の国じゅうの荒廃、混乱、疲弊は言うに及ばない。日本は敗戦によって南樺太、朝鮮、台湾などの領有地を失ったが、特に小樽は樺太との繋がりが深かっただけに、その喪失は経済的にも痛手となった。

それでも国全体が戦争の混乱から立ち直っていくなか、小樽の復興もまずまず順調ではあった。一般に「小樽は戦後になってそれまでの勢いを失った」といわれることが多いが、戦争は、小樽の発展を阻害した直接的な要因ではない。小樽の経済的繁栄の象徴と見られる大手銀行の支店にしても、戦後になって住友と三和（共に昭和22年）、日本勧業（25年）の3行が新たに進出していることは注目に値する。

小樽にとっての逆風は、終戦直後の混乱期がひと段落した昭和30年前後に始まる社会・経済環境の変化によるものが大きい。ひとつは太平洋側の航路、とりわけ苫小牧港の位置付けが高まったことで、その結果、必然的に小樽港での貨物取り扱いは減少に転じていく。

昭和30年代後半、石炭から石油へのエネルギー転換が進んだことも小樽にとって大きなマイナス要因だ。国内有数の産炭地であった空知地方など北海道内陸の炭鉱も産出量の減少から、昭和40年代半ばまでにほとんどが閉山。明治初期から続いてきた小樽港での石炭積み出しも、それとともに終わりを告げた。

こうした海運、石炭という小樽経済の屋台骨を支えた二大業種の沈滞は街にとって大きな痛手であり、それらの企業活動を支えた銀行が続々と撤退していったのは、避け難い連鎖ともいえた。

経済機能の札幌一極集中が進んだのも戦後に顕著となった傾向で、小樽支店を閉鎖した企業の多くは札幌支店に統合する形を取っていた。明治から戦前まで北海道屈指の商都として繁栄を謳歌した小樽だが、この頃には新聞にも「斜陽都市」の表現がしばしば見られることとなる。

そうした〝斜陽〟を象徴する存在となったのが小樽運河だ。大正時代に築造され、戦前まで港の荷役に機能を発揮したが、昭和40年代を迎える頃にはほぼ用途を失って荒廃が進んでいた。そんな運河を埋め立てて、自動車道路を建設する案が浮上する。

これに対して埋め立て反対を叫ぶ**小樽運河保存運動**が起こり、埋め立ての是非をめぐる大論争へと発展していく。結果として全面保存はかなわず、一部を埋め立てて自動車道路を建設し、残された運河周辺では遊歩道などを整備する折衷的な案が採用された。

10年あまりに及んだ一連の運動では運河や、市内に多数ある古い建築物の歴史的価値を、市民にも広く認識させる成果があった。今でこそ小樽の観光案内において大きなウェイトを占める「歴史」だが、それが観光資源として定着するのは昭和50年代、運河論争の頃に醸成された認識によるところが大きい。また今も市内に数多い、石蔵など歴史的な建物を改装して店舗など観光施設に再生する事例も、同時期に拡がっている。

その他、昭和50年代以降のできごととして、市街中心部での再開発（小樽駅前地区、稲穂町・旧〈ニューギンザ〉〈丸井今井デパート〉など）や国道5号の拡幅、望洋パークタウンの造成、長橋バイパスの建設など、大規模な建設工事をともなう事業が相次いだ。激動といわれた昭和時代、その最末期は小樽にとっても変化の大きい時代だった。

主要事項年表

明治・大正・昭和の小樽で起こったおもなできごと

明治時代

1（1868）	閏4月	小樽内騒動が起きる。漁民や流人、博徒らが物価高、税金に反発して役所を襲った暴動。
2（1869）	8・15	蝦夷地を北海道に改称。
5（1872）	6・24	開拓使、手宮港を小樽港と改称。
	10月	函館〜室蘭〜札幌〜小樽の郵便が開業。
7（1874）		札幌〜小樽で電信線開通。手宮、小樽、銭函に教育所を設置。
8（1875）	3・20	小樽で公衆電報の取扱開始。
10（1877）	9月	〈小樽郡教育所〉を〈量徳学校〉と改称。その他の教育所を分校とし計8分校ができる。
13（1880）	1・8	アメリカ人技師クロフォード〈幌内鉄道〉の建設着工。
	11・28	〈幌内鉄道〉手宮〜札幌間が開通。汽車運転式を挙行する。
14（1881）	8・30	北海道行幸の明治天皇、小樽港に上陸。列車で札幌に向かう。北海道初のお召列車運転。
15（1882）	11・12	〈幌内鉄道〉全通。幌内炭鉱からの石炭輸送始まる。
18（1885）	10・1	〈日本郵船〉が発足。小樽でも支店営業開始。
26（1893）	4・1	〈日本銀行小樽派出所〉稲穂町に設置。
28（1895）	1・10	〈小樽電燈舎〉開業、電力供給開始。
	12・2	〈小樽商業会議所〉設立認可下りる。
32（1899）	7・13	小樽は開港場となる。国際貿易の拠点に。
	10・1	小樽は区制実施。小樽郡、高島郡下38町村を統合して〈小樽区〉が誕生。
33（1900）	4・1	小樽区内で電話開通（5月には小樽〜札幌間の電話も）。
35（1902）	4・1	〈北海道庁立小樽中学校〉（現〈小樽潮陵高校〉）開校。
36（1903）	4・17	手宮で906戸を焼く大火。〈日本郵船小樽支店〉も焼失。
	6・28	〈北海道鉄道〉蘭島〜小樽中央（現・小樽）開業。
	8・16	蘭島に海水浴場開業。
37（1904）	5・8	この夜、稲穂町で出火、翌日にかけて2481戸を焼失する（稲穂町の大火）。
	10・15	〈北海道鉄道〉函館〜小樽が全通。これに合わせて〈中央小樽〉駅を〈高島〉駅と改称。
38（1905）	8・1	〈北海道鉄道〉は〈北海道炭礦鉄道〉（〈幌内鉄道〉改め）との連絡線を開業。函館〜札幌方面の直通運転が可能となる。
	12・15	〈北海道鉄道〉は〈高島〉駅を〈中央小樽〉駅に改称。
39（1906）	5・1	〈北海道庁立小樽高等女学校〉（現〈小樽桜陽高校〉）開校。
	10・1	〈北海道炭礦鉄道〉の鉄道路線が国有化される。
	10・1	〈日本郵船小樽支店〉新築落成披露宴を開催。
	11・14	〈日本郵船小樽支店〉で日露代表による樺太の国境画定会議開催（日露戦争での勝利を受け、南樺太が日本領土となる）。
40（1907）	7・1	〈北海道鉄道〉の路線（函館〜中央小樽）が国有化される。
	9・27	石川啄木、〈小樽日報〉入社のため小樽に暮らし始める（年末に退社、翌年1月19日に小樽を離れ、列車で釧路へ）。
	12・26	〈小樽郵便局〉新築開業（旧局舎を稲穂町大火で焼失後）。
41（1908）	9・25	〈小樽港第一防波堤〉（北防波堤）竣工。
42（1909）	10・12	鉄道院の線路名改称で手宮〜小樽（現・南小樽）は〈手宮線〉に。
43（1910）	12・1	長岡安平により〈花園公園〉〈手宮公園〉の設計が完成。
44（1911）	5・1	〈小樽高等商業学校〉（現〈小樽商科大学〉）開校。
	8・23	東宮（のちの大正天皇）小樽を訪問。この滞在のため小樽公園内に建てられた「御旅館」（のちの公会堂・現存）に宿泊。
	10月	〈手宮高架桟橋〉落成。
45（1912）	7・27	〈日本銀行小樽支店〉落成（現〈日本銀行旧小樽支店金融資料館〉）。

大正時代

1（1912）	8・11	手宮線に旅客専用の〈手宮駅〉と〈色内駅〉開業。
2（1913）	4月	〈庁立小樽商業学校〉（現〈小樽商業高校〉）開校。
3（1914）	3・8	区会で小樽港埋め立ては運河式と議決。
	7・10	映画館〈電気館〉開館式。
	8・21	小樽区第一期埋め立て工事着工。
	10・2	上水道竣工、通水開始。
6（1917）	8月	〈小樽図書館〉開館。
	11・2	〈河野呉服店〉は稲穂町大通りへ新築移転。
7（1918）	8・1	〈開道五十年記念北海道博覧会〉開会。9月19日まで。
	12・28	〈北海屋ホテル〉開業。この日、新築落成披露宴を開催。
8（1919）	11月	小樽港、四区での埋め立てに着工。立岩破壊に着手。
9（1920）	6・13	天狗山登山道完成、山開きが行われる。
	7・15	鉄道省は中央小樽を〈小樽〉駅、小樽を〈南小樽〉駅に改称。
	9・21	水天宮の新社殿落成、鎮座式、落成式を行う。
10（1921）	6・4	〈小樽乗合自動車〉、区内4路線でのバス運行を開始。
	9・15	〈小樽市街自動車〉設立、バス運行に参入。
	10・23	北浜町埋立地に〈北海製罐倉庫〉設立。
11（1922）	8・1	小樽区は市制施行し、〈小樽市〉となる。
12（1923）	6・25	〈小樽市街自動車〉と〈小樽乗合自動車〉は合併し〈小樽市街自動

		車〉となる。
	12月	小樽港埋め立てが完工。小樽運河が全区間完成。
	12・3	稲穂町で〈丸井今井呉服店〉新築開店。
13（1924）	7・10	小樽で最初の鉄骨建築となる〈第一銀行小樽支店〉が竣工。
	8・25	小樽港湾竣工式が行われる（前年末の埋め立て完工を祝う）。
	12・27	手宮駅構内で移送作業中の多量の火薬が爆発。64人死亡、30人行方不明。鉄道施設・車両、周辺家屋、船舶にも被害が及ぶ。
14（1925）	11・28	〈小樽銀行集会所〉竣工、落成式を行う。

昭和時代

1（1926）	3・27	潮見台町に〈ロシア領事館〉開設。
2（1927）	7・15	〈小樽築港機関庫〉使用開始。
3（1928）	1・1	小樽商業会議所は〈小樽商工会議所〉に改称。
	4・12	銭函に〈小樽ゴルフ倶楽部〉が創立する。北海道初のゴルフ場。
	12・27	市内に火災報知器の設置が完了。
5（1930）	7・15	〈小樽郊外自動車商会〉は小樽駅前～塩谷海岸のバス路線を開業。
	10月	〈庁立小樽中学校〉（現〈小樽潮陵高校〉）内にシャンツェ（スキージャンプ台）竣工。中学校では道内初。
6（1931）	5・18	朝里村で札樽国道4号線（現・5号）4・8kmの改修工事着工。これに次いで小樽市内でも着工。
	7・9	電気館通りと中央座通りは公募により〈都通り〉と命名。
	7・11	北海道拓殖博覧会第三会場・小樽海港博覧会開会（8月20日まで）。
	11月	小樽花柳界は不況で廃業が相次ぐ。
	12・13	小樽高等商業学校（現〈小樽商科大学〉）のシャンツェ竣工。
7（1932）	7・1	鉄道省小樽臨港線（小樽築港～浜小樽）開業。
	10・8	オタモイの〈唐門〉竣工、開門式が行われる。
8（1933）	8・31	〈蛇の目〉はオタモイに食堂〈弁天〉を建築。この日、上棟式。
	9・6	小樽市役所は新庁舎へ移転（竣工式は10月15日）。
9（1934）	3・30	この日、札樽国道完成祝典が予定されるも函館大火のため中止。
	6・10	新国道開通により、札樽間で鉄道省の省営バス運行開始。
	6・15	オタモイの〈龍宮閣〉完成披露宴開催。
	10・16	デパート〈大國屋〉新築開業。
	12・25	小樽駅竣工、この日から新駅舎で営業。
10（1935）	8・18	小樽港埠頭築造工事起工式。併せて〈小樽港祭《みなとまつり》〉開催。
11（1936）	4・16	〈小樽保証牛乳〉設立総会開催。〈ミルクプラント〉建設へ。
	9・19	花園第二大通り舗装工事完成祝賀会。この頃に市街中心部大通りの舗装工事が進む。
12（1937）	7・7	〈北海道大博覧会〉開会（8月25日まで）。
14（1939）	1・20	映画館〈電気館〉全焼（直ちに再建に着手し11月に営業再開）。

	7・20	北海ホテルが創立20年記念事業として移設した〈銀鱗荘〉開業。
15（1940）	4・1	高島町と朝里村を小樽市に編入。
17（1942）	3月	この頃、企業合同により転廃業者多数。
18（1943）	10・1	手宮線旅客営業休止。片側線路を供出して単線になった影響で。
20（1945）	7・14	14・15日の両日、米軍機による北海道空襲。小樽市内でも被害。
22（1947）		住友銀行、三和銀行が小樽に支店開設。
24（1949）	4月	新制〈小樽商科大学〉発足。
	7月	〈開港五〇周年記念港まつり〉開催。
27（1952）	3月	〈第7回国体スキー大会〉を天狗山スキー場で開催。
29（1954）	2月	国際観光都市に指定される。
	5月	朝里川温泉の開発始まる。
31（1956）	5・3	稲穂町の大火。色内小学校、石山中学校、民家218戸を焼失。
33（1958）	4・1	塩谷村を小樽市に編入。
	7・5	〈北海道大博覧会〉開会（8月31日まで）。札幌との共催で、小樽では第三埠頭と祝津が会場となる。祝津に水族館、鰊御殿が開館。
34（1959）	8・1	〈第1回みなと小樽商工観光まつり〉開会（昭和41年まで毎年開催）。
36（1961）	3月	〈第1回スキー観光まつり〉開催（昭和44年まで毎年開催）。
37（1962）	5・14	手宮線の旅客営業を終了。色内乗降場も廃止に。
	8月	2～4日の大雨で市内各地に洪水被害。住宅の浸水・損壊のほか道路決壊、橋の流失も多数に上り、復旧に数年を要した。
38（1963）	6・11	手宮の国鉄用地内に〈北海道鉄道記念館〉開館。
39（1964）	9・27	函館本線・小樽～南小樽駅間の高架が完成。
40（1965）	8月	小樽市開基百年記念事業が行われる。慶應元（1865）年、〝村並み〟（＝事実上の自治体扱い）となってからの100年を記念。
42（1967）	8・4	〈第1回おたる潮まつり〉開会（3日間開催）。
43（1968）	8・28	函館本線・小樽～滝川の電化が開業（翌年10月、旭川まで延伸）。
45（1970）	5・5	小樽公園内に〈こどもの国〉オープン。
	7・31	〈新日本海フェリー〉小樽～敦賀のフェリーが就航、初入港。
46（1971）	12・4	〈札樽バイパス（高速自動車道路）〉小樽～札幌間が開通。
48（1973）	12・24	小樽駅前再開発事業により〈駅前第一ビル〉が開業。以後、第二（50年3月）、第三（51年11月）と計3棟のビルが完成する。
49（1974）	7月	〈おたる水族館〉現在地に移転、新館オープン。
55（1980）	1月	天狗山スキー場のロープウェイ運行開始。
56（1981）	11月	〈おたる望洋パークタウン〉の宅地分譲開始。
58（1983）	11・12	小樽運河埋立に向けた杭打ち作業が始まる。
59（1984）	6・10	勝納埠頭を主会場に〈'84小樽博覧会〉開会（8月26日まで）。
60（1985）	11・5	国鉄手宮線の営業が終了、廃線に。105年の歴史に幕。
61（1986）	5・8	道道臨港線と運河散策路の工事終了、開通式が行われる。
	10・2	朝里大橋（ループ橋）開通式。

50音さくいん

★本文に掲載した写真に写っている主な事物を中心に作成しています

あとがき

〈月刊 小樽なつかし写真帖〉の発行が始まったのは２００４年８月のことだった。月に１度、小樽市内の北海道新聞夕刊に折り込みで配布するタブロイド紙で、明治から昭和前半にかけて撮られた写真を、解説記事付きで紹介する内容だ。この出版物の執筆・編集を任されたことが、それ以後の長い期間にわたって、私が小樽の歴史的な写真に関わるきっかけとなった。

それまでに小樽関連の出版物などを独自に発刊していたものの、歴史の専門家ではない私にとって、決して簡単な仕事ではなかった。編集委員として集まった、地元の歴史をよく知る方々の力添えをいただきながら写真を選び、記事を書くために当時の新聞などたくさんの史料を読みあさり、並行して次号のテーマを考えて……。小さな編集制作会社を切り盛りする身で、北海道内各地への頻繁な取材など、種種雑多な業務をこなしながらの「なつかし」作りであるから、なかなかハード、しかしながらやり甲斐もまた大きい仕事だった。

小樽なつかし写真帖は発刊９年目の２０１３年３月で終刊となり、その翌月からは〈なつかしの昭和アルバム〉と改題し、文字どおり昭和の時代に絞った内容の紙面にリニューアルした。その発行は２０１４年７月まで続き、すなわち２つの「なつかし」シリーズはちょうど10年間で、通巻１２０号を発刊したことになる。この間の仕事を通して学んだ内容は膨大で、私にとって大きな蓄えになった。編集執筆に携わる機会を与えてくださった北海道新聞小樽支社、どうしん小樽販売所会（三日会）の方々に、まずは感謝を申し上げたい。

本書に掲載した写真には１点ごとにその所蔵（提供者）を示している。そこを見れば小樽市総合博物館と小樽市総務部広報広聴課所蔵のものが大多数を占めていることがおわかり頂けるだろう。このうち博物館では明治初頭以来、小樽で撮影された多数の写真、絵はがきの画像をデータベース化しており、その数は優に１万５０００点を超える。画像そのものをデジタルデータ化しているのはもちろん、そこに写る事物をもとにキーワードで検索できるシステムも構築しているので、画像を探す際には非常に有用だ。

一方の広報広聴課の写真は、市が昭和25年より月刊で発行している広報紙への掲載を主目的に撮られている。画像のストックのうち、最も古いものは昭和26年に撮られたわずか数点の写真だが、その後、誌面のビジュアル化が進んだことから、撮られるカット数は年を追って飛躍的に増えていく。

市の広報紙という性格上、撮影の対象となるのは市が関わる事業・行事などが中心だが、それ以外にも街なかの風景やできごと、人々の姿などを写した貴重な画像が少なくはない。本書の表紙をはじめ、主要部分で大きなスペースを飾った秀作は多数ある。

広報広聴課の写真で特筆すべきは、ほとんどすべての画像に撮影年月日、場所、内容説明が記されていることにあり、それによって資料としての価値をきわめて高いものとしている。画像（フィルム）は撮影１回ごとに小袋に入れて、年月順にきちんと整理されているのも役所らしいていねいさだ。

ただしほとんどがネガフィルムのままの状態なので、内容を非常に見づらいのが難点ではある。どこにどんな画像があるのかが容易には見えない、まさに宝の原石の山だったのだ。そこで私はまとまった量のフィルムを順次借り出して、すべてを点検しリスト化、出版物に使えそうなものはスキャンしてデジタル化する作業を、少しずつ行ってきた。昭和26年から64年までの作業を終えるには５年以上の期間を要したが、その労力は「なつかし」シリーズ、そして本書の刊行によって十分に報われることとなった。

本書に掲載した写真のなかで戦後、特に昭和40年代以降では大多数が広報課所蔵のものであり、多くの人にいかにも〝昭和的な〟なつかしさを誘うシーンを誌面に甦らせることができた。撮影され、当該広報紙の編集に使われた後はおそらく、ほとんど日の目を見ることなくキャビネットの中で眠っていたであろう作品を、こうして世に出せることをとても喜ばしく思う。

本書の制作にあたっては「なつかし」シリーズの立ち上げ当初からさまざまなご協力をいただいた小樽市総合博物館副館長・石川直章氏はじめ学芸員の方々に全編の監修をお願いし、また同シリーズ編集委員であった小野民夫氏からも重要な助言を頂戴した。貴重な写真をご提供いただいた方々など、すべてのお名前をここには挙げられないが、厚く御礼を申し上げます。

２０１４年９月

佐藤圭樹

主要参考文献　（順不同）

〈小樽市史〉各巻／小樽市
〈小樽歴史年表〉／渡辺真吾、NPO法人歴史文化研究所
〈小樽市史年表〉／小池信繁
〈小樽商工会議所百年史〉／小樽商工会議所
〈100年の小樽〉／小樽市編
〈北海道の歴史〉／田端宏ほか、山川出版社
〈幌内鉄道史〉／近藤喜代太郎、成山堂書店
〈鉄道と歩んだ街 小樽　小樽市総合博物館公式ガイドブック〉／ウィルダネス
〈おたる再発見〉／北海道新聞社
〈坂と歴史の港町 小樽 改訂版〉／朝日新聞小樽通信局編
〈おたる歴史ものがたり〉／小樽郷土史研究会、北海道教育社
〈小樽市の歴史的建造物　歴史的建造物の実態調査(1992年)から〉／小樽市教育委員会
〈小樽市博物館紀要2005年・18号 小樽市歴史的建造物の建築年代について〉／渡辺真吾
〈小樽の建築探訪〉／小樽再生フォーラム、北海道新聞社
〈小樽運河ものがたり〉／田村喜子、鹿島出版会
〈小樽運河史〉／渡辺悌之助
〈写真集 小樽築港100年の歩み〉北海道開発局小樽開発建設部 小樽港湾事務所
〈小樽市博物館紀要2008年・21号 入船陸橋ものがたり〉／星　良助
〈ヲショロ場所をめぐる人々〉／須磨正敏、静山社
〈忍路郡郷土誌〉／塩谷村役場
〈新 高島町史 改定増補版〉／大黒 昭
〈手宮発達の懐古〉／小樽市郷土研究会
〈稿本 北海道のスキー史2 小樽のスキー その大正時代〉中浦皓至

写真提供　（順不同・敬称略）
小樽市総合博物館／小樽市総務部広報広聴課／市立小樽図書館／小樽商工会議所／潮見岡神社／北海道新聞小樽支社／星　良助／新谷　了／紅露雅之／川村　肇／喜多英夫／高橋昭雄／奥山家／野口家／村住家／堀江家／（旧）ポートフェスティバル実行委員会

協力／〈小樽なつかし写真帖〉編集委員会、どうしん小樽販売所会（三日会）

監修／小樽市総合博物館

●編著者略歴
佐藤圭樹（さとう・よしき）
1960年東京生まれ。早稲田大学卒業後、出版社で海外旅行関連書籍の編集に携わる。一方で、中学校時代に初めて訪れた北海道へはその後もたびたび旅行。1992年、出版社を退職して小樽市に居を移す。フリーランスのライター／エディターとなり、99年に編集制作会社、有限会社ウィルダネスを設立。小樽、北海道に関わる多数の出版物制作に携わっている。個人としての著作には『ニュージーランドすみずみ紀行』（凱風社）、『新・北海道移住』（北海道新聞社）などがある。

写真で辿る小樽 ～明治・大正・昭和～

ISBN978-4-89453-751-4　C0021

2014年11月1日　初版第1刷発行
2020年12月1日　初版第2刷発行

編著者　佐藤圭樹

発行者　菅原　淳
発行所　北海道新聞社
〒060-8711　札幌市中央区大通西3丁目6
出版センター　（編集）☎011-210-5742
（営業）☎011-210-5744

印刷・製本　株式会社アイワード

◆万一、落丁・乱丁がありましたら出版センター（営業）宛てにご連絡ください。お取り換えいたします。